55歳の自己改革

工藤公康

講談社

まえがき――この本を出すまでの思い

新しいシーズンが開幕します。

この時期になると私の脳裏に浮かぶのが、1999年、福岡でプレーをして5年目のシーズンの記憶です。FA（フリーエージェント）で福岡ダイエーホークスに移り、王貞治《おうさだはる》監督のもと、悲願のリーグ初優勝、日本一になることができました。

移籍の際、ダイエー球団専務だった、故・根本陸夫《ねもとりくお》さんに声をかけていただき、中日ドラゴンズかダイエーのどちらかで迷いに迷って、ダイエー入りを決断した瞬間をいまでもありありと思い出します。

当時、私は、王監督のもと、強いチームをつくるためにはどうすればいいのかと日々考え、悩んでいました。

その頃のダイエーには厳しさも、辛さもない。春季キャンプを終えシーズンに入って、試合に負けても、誰一人悔しがる選手もいない。「このチームを変えるためにはどうしたらいいか。自分がやれることは何なのか」。たとえみんなに嫌われても、という思いでした。他の選手たちには、ずいぶんと厳しくあたっていたと思います。

同期で仲がよかった故・藤井将雄《ふじいまさお》は、そんな私の思いを理解してくれて、私が怒った選手たちに後からフォローを入れてくれていました。

「工藤さんは、決しておまえたちのことが嫌いだから言っているんじゃない。おまえたちのためによかれと思って言っているんだ！」と。

それを聞いたときには、涙が出るほど嬉しかったことをいまでも覚えています。

その後、藤井は病魔に倒れました。野球に対しての情熱と、大好きな野球をやりたくてもできなかった彼の無念。そんな藤井を知る私は、現役の選手たちが1年でも1日でも長く、プロの世界で野球をしてほしいと願ってやみません。


ダイエーに移ってしばらくたったある日、私は根本さんのお宅に文句を言いに押しかけたことがあります。そのとき、根本さんは一言もしゃべらずに私の不満に耳を傾けていました。

しばらく黙っていたのち、いろいろな方に電話をかけはじめました。その間2時間弱、私はただ椅子に座って待っていました。

ひと通り電話がすんだ後、私に向かって言いました。

「野球界を盛り上げるには、ON対決しかないんだ！　まずは王を胴上げしろ！　いいか！　そのために必要だと思うことをしろ！」

根本さんにそう言われて、私は「はい！」とそれだけ言って帰りました。

優勝するために、王監督を胴上げするために、自分がしなければならないことをする。覚悟を決めた日でした。

あの日から、私は嫌われ役に徹したのです。

99年の春、根本さんは王監督が胴上げされるのを見ずに亡くなりました。

その夏、チーム内での話を聞いた妻から、「自分の努力をするだけにして。もう他の選手を怒るのをやめて」と懇願されたことがあります。

そのことを知った藤井は、「奥さん、すみません。もう少し我慢してください。工藤さんも厳しく言い続けるのは大変だと思います。必ず王監督を胴上げして、秋山さんと工藤さんのことも胴上げします」と妻に話してくれたそうです。

王監督には、監督としての後ろ姿を見せていただきました。

96年5月のこと、日生球場で負けた後に事件は起こりました。

私たち選手のふがいない試合に怒った一部のファンが、帰りのバスに生卵を投げつけたのです。

そのとき、バスの中でただ前を向いていた王監督の姿が、いまでも目に焼きついています。ホテルに戻っても、選手に対して何一つ文句も愚痴も言うことはない。そんな姿を見たとき、「申し訳ない!」「何やってんだ、俺たちは」と思いました。

この人を男にしなくてはならない。何のためにここにきたのか。

そうして99年。リーグ優勝し、日本一になり、王監督を胴上げすることができました。

根本さんの存在、そして藤井の存在がなければ、夢はかなわなかったと思います。

日本一になって、根本さんとの約束も果たすことができました。


99年オフ、再びFAで読売ジャイアンツへ移籍することになりました。

ダイエーから出るか出ないかで悩んでいるとき、王監督に相談させていただき、時間のないなか、これからの私のことを親身になって考えていただきました。

あのときのことは、いまでも感謝してもしきれないほどです。

そして、ファンの皆様にも、残ってくれ、出ていかないで、と17万6300もの署名をいただき、心から感謝しています。

ほとんどの方に、はがきにてお礼を出すことができましたが、一部の方は住所が変わっていたり、残念ながら読めなかった署名もありました。

2000年に巨人に入り、リーグ優勝して、日本シリーズでダイエーとの夢の対決となったとき、根本さんの言葉を思い出しました。

「野球界のために、ON対決を！」

根本さんの夢がかなって本当によかったと、一人胸のうちで喜びました。

ただ、藤井の死は自分自身受け入れられず、葬儀が日本シリーズ前だったこともあって複雑な思いで戦うことになりました。ダイエーのベンチを見たら泣いてしまいそうな思いをこらえ、試合に集中したくてもできない自分がいたのも確かでした。


06年まで巨人。07年から3年間は横浜ベイスターズでお世話になりました。

10年には、古巣の西武ライオンズで1年。

12年からは、テレビ朝日の報道ステーションのスポーツキャスターに転じて3年。

王会長から声をかけていただいたのは、そのスポーツキャスター3年目の秋でした。

いつかは、王会長、福岡のファンの皆様に恩を返したいと思ってはいましたが、まさかこのタイミングだったとは。お会いして事情を伺ったとき、私の心は決まっていました。

この日が、きた！

それから周りの方、家族、友達にも話をして、理解してもらいました。


15年、リーグ優勝、日本一で連覇をはたしました。

ただひたすら勝つことを考え、福岡のファンの皆様と王会長に少しでも恩を返すことができるならと思い、突っ走りました。監督とはどういうものなのかも知らず、ただ、自分の経験、野球観のみに頼った1年でした。

16年は私のおごりから失敗した1年でした。日本ハムファイターズに逆転されて、パ・リーグ2位。けれど、自分に足りないものには気がつかず、ただ悔しい気持ちを来年に晴らしたいと思っていました。

17年、悔しさをバネに選手たちが一つになってくれた年。スローガンは「1《ワン》ダホー!」。「1」を入れたのは頂点を目指すためです。初めて勝って涙を流しました。

18年、自分自身のやり方に疑問をもち、シーズン途中「このままではダメだ!」とやっと自覚し、周囲に支えられていることに気がつきはじめたのです。リーグ2位で日本一をつかみ取れたのは、満身創痍《まんしんそうい》で頑張ってくれた選手たちの力のおかげです。

18年オフ。自分が変わらなければ、何も変わらない。自分は何がしたかったのかを見直し、それを伝えるための方法を、自分自身でもう一度考える時間となりました。

そして迎えた19年。昨年の反省も踏まえ、はたして変われたのか変われていないのか、確たる自信はありません。

ただ、周りを幸せにするために自分にできることをやり抜く。コミュニケーションと配慮を心がけ、この1年戦っていくつもりです。

失敗をすることによって、時間はかかりますが、学ぶことがたくさんあると私は思っています。

人は失敗をするのです。

そこから何を学ぶのか、どう変わるのか。

それが大事なのではないでしょうか。

本書には、私の失敗談、反省の弁があります。

私自身が本当に変わるためには、本という後世に残るものの中で、自分自身の非を認め、そこから先へ進むことが必要だと思っているからです。

人間としても、監督としても、一生勉強の心を持っていきたい。これからも野球界に携わる者として、1年でも長く、1日でも長く、選手たちに野球をする喜びを味わってほしい!

そう心から願っています。

55歳の自己改革／目次

第1章 反省

第2章　チームづくり

第3章 監督の仕事

第4章　恩返し

第5章 体づくりと動きづくり

第6章 人としてあるべき姿

SoftBank
HAWKS
FUKUOKA
SoftBank HAWKS

第1章 反省

非を認める

２０１８年シーズンを振り返って、僕が感じている大事なことがあります。

それは、「監督のオレがやっているのだから、おまえたちもやらなきゃ！」という気持ちで指揮をとっても、チームは動かなかった、ということです。

チーム全員、やる気はあり、「なんとかしたい」という気持ちも十分ありました。

でも、２０１８年のチームの低迷は長く続き、ひとつになりきれないところがありました。

一方、僕には独りよがりなところがたくさんありました。以前は、そうすることがチームのためと思い込んでいるところがありました。

でもいまは、みんなと一緒につくっていかないと「いいチーム」はできない、という思いでいます。

監督である僕一人ですべてのことができるわけはない。そんな当たり前のことに気づいて、変わるきっかけをチームのスタッフや選手、みんなにもらいました。自分を見つめ直し、新しい自分をしっかりとつくっていけるか。それが僕のこれからの課題です。

２０１８年のシーズンオフに、正力松太郎《しょうりきまつたろう》賞をいただきました。ありがたいことです。

でも僕には、監督としてこのような名誉ある賞にふさわしい何かができたという実感はありません。嬉しいというより、どこか気恥ずかしい気持ちでいます。

日本一を目指して8月以降、コーチや選手たちと、意識してじっくり話をするように自分の姿勢を変えました。それで気づかされたことがたくさんあった。僕がチームの邪魔をしていた部分があった。そのことを素直に認め、自分のやり方を変えました。

一日置く

監督になって思うのは、人間を相手にすることの難しさです。

プロ野球チームとは、同じユニフォームを着ていても、立場の異なるさまざまな人間が集まる集合体です。質も量も十分なコミュニケーションを取っていないと、気持ちが一方通行になってしまいます。

野球の技術は練習を重ねれば身につきます。肉体は負荷をかければ応えてくれます。

けれども感情を持った人間が相手となると、計算通りにはいかない、こっちのボタンを押したはずなのにあっちの部分が反応する、そんなことが頻発します。

プロ野球という特殊な環境で30年近く野球をやってきたという〝おごり〟のようなものが自分にはあって、自分は人と向き合って話ができないところがあるのだろうか、と省みました。

なかでも「人の一生懸命」と「自分の一生懸命」が違うということを、わかっているようでわかっていなかったと思います。

人には人の一生懸命の結果があります。自分には自分の一生懸命の結果があります。だからこそ、「それぞれ違う」ということを認める。相手を知る。

そこがわからず、「だから、ダメなんだよ!」と否定から入ってしまったのが、いままでの僕でした。

ピッチャーが打たれると、「どうしてだ?」「なんで、あんなボールを投げるんだ？」「だから言っただろう」と、コーチたちに強い言葉で詰問してしまう。シーズン途中で、そうした僕の態度が事態を悪化させていることに気づきました。いまは「一日置こう」としています。一日置いて、それでも言わなければいけないことがあるのなら、それは「言ったほうがいいこと」。次の日になって、「こんなのは言う必要はないな」と思ったことは伝えなくてもいい。少しずつそういう判断ができるようになってきました。

本気で変わりたい

自分の欲求をぶつけても、結果的に人は育たないのです。話を聞くこと、言いたいことを自由に発言してもらうこと、そういう雰囲気づくりが大事。それは愚痴《ぐち》でもいいし、文句でも、批判でもいい。

自分の感覚だけで見て、「だから、ダメなんだよ！」と頭ごなしに言うのではなく、背景や想いも含めてその選手のことを〝わかる〟。そのうえで、「おお、そうか、おまえも努力したんだなあ」という姿勢から入れば、相手はきっと話しやすくなるはずです。

僕は現役時代、ピッチャーとして試合の先を見てきました。選手として課題と問題解決法をいつも考えてきました。

でも、いま本当に見るべきものは、目には見えない人と人のつながりだったり、思いだったりするのではないか。目の前に見えているものだけを見て解釈するのではなく、目に見えない「人」を丸ごと見る。

監督になってからも、僕はまだまだ選手目線が抜けきらず、一つひとつのプレーにばかり目がいっていました。「人」を見る習慣がついていませんでした。そういう自分の姿に気づいて、「チームがよくなるために変わらなければ」と思いました。

55歳にして自己改革です。

いまはまだ、「自分から変わらなければ」と気づいた段階です。何もできていません。でも、チームやチームのみんなのために必要だと思うから、僕は変わりたいと本気で思っています。

準備する

監督生活４年を振り返ると、僕の思いや考えを伝える準備がうまくできていませんでした。

たとえば僕の野球観や、選手時代からの経験や勉強してきたスポーツ医学の知識をチームに活用できたらと考えていました。

ただ、相手と僕は同じ目線、同じ問題意識ではないし、当然、思考プロセスも共有していません。にもかかわらず、相互の意思疎通が不十分なまま、僕が唐突に話してしまうことがよくありました。

そんな状況では、言われた相手からすると、僕が思いつきでしゃべっているように感じたかもしれません。僕自身も、準備不足のまま「早く伝えなければ！」と焦って、自分の中で十分に取捨選択をせずに口にしてしまい、失敗をくり返してきたように思うのです。

そこで、伝えたいことや課題を紙にまとめるようにしました。以前からノートに書いたり、メモを取ったりはしていましたが、いっそう徹底するようにしました。

選手やコーチに伝えるために、シンプルな資料にまとめ、形で見えるものにする。それにより、自分の中で事前の整理ができます。これだけで、コミュニケーションはだいぶスムーズに進むようになりました。

正しく思える言葉より幸せにする言葉を選ぶ

2018年は、開幕早々から守護神のデニス・サファテが股関節の故障で、8回をまかせていた岩嵜《いわさき》翔《しょう》君がひじの故障で離脱しました。コーチ陣が集まって、対策を議論しました。

9回は誰にまかせるか？ 8回は？ 7回は？

みんなで議論しているうち、「監督は誰を考えていますか」と聞かれました。僕がある選手の名前を口にすると、「あっ、じゃ、それで！」と決まってしまいました。

「おまえら、それでいいの？」

「監督が最終的に決めるので」

検討している選手たちのいいところ、弱いところ、経験値など、議論すべき点はいろいろあって、もっと意見が出てもいいのです。ところが、多少は出るものの、「監督が言うなら」で決まってしまう空気がありました。

シーズンが進んでからもこんな調子で、どこかコーチ陣とのあいだに距離を感じました。また、なかなかその距離を縮められない自分がいました。

チームに結果が出ない時期が長く続き、僕は次第に、「これは言っちゃいけない」「あれは言わないほうがいい」と感じることが増えました。黙っていればいいのに、でも、気がつくと小言のように言わずにはいられない自分がいました。

相手は「何か言われるだろうな」と想像しています。だから、予想通りの僕からの言葉に、「はい、来た」といった感じで身構えて、そこから深いコミュニケーションはできなくなってしまいます。

何度も失敗を繰り返し、ある時期から、予想される「正しいこと」ではなく、コーチやスタッフみんなが「幸せになること」を言うようにしてみよう、と考えるようになりました。みんな、現場の指揮官である監督を見ています。僕の話し方、コミュニケーションの仕方一つで、押しつけにもなれば、相互の深い納得感ある意思疎通にもなりえます。

8月から9月にかけて、試合終盤をまかせていた中継ぎ投手の加治屋蓮《かじやれん》君が少し調子を崩したことがありました。

「監督、次の試合、どうしましょうか？」

彼の起用について聞かれました。「配置転換しよう」、そんな僕の言葉を予想している様子でした。

監督というのは決定する権利を持っていても、実際に選手を細かく指導し、チームをつくり上げていくのはコーチです。コーチにさまざまな考えがあるのに、僕が上から目線で結論を出してはダメだと思いました。

そこで僕は言いました。

「いいじゃないか、使おうよ」

投手コーチは意外な顔をして、「いいんですか？」と確認しました。

「いままであいつが頑張ってきたから、チームはこの位置にいられるんだ。誰かに代えて、そいつが打たれたら悔いが残るだろ？　オレも悔いが残る。それだったらあいつに託して、打たれたら、それはしょうがないだろう」

クライマックスシリーズファーストステージの時も同じようなことがありました。

2戦目に打ち込まれ、3戦目で「どうします？　違うピッチャーにしましょうか」とコーチに聞かれました。

コーチは選手の一番身近にいる存在として、コーチも僕も一緒になってチームを強くしていく。そんなこれからのチームづくりを問われていると感じました。

「なんで代えるんだ。ここまできたのは、あいつが頑張ってきてくれたおかげだろ？　調子のいい時も、悪い時もあったけど、ここで使わなかったらあいつが潰《つぶ》れてしまう。だから使おう。いいじゃないか、あいつが打たれて負けても。ここまで来られたのはあいつのおかげなんだから、託してやろうぜ」

僕がそう言うと、投手コーチはほっとした顔をしたのです。

人が喜ぶということに、僕はあまり敏感なほうではなかったように思います。また僕はコーチ経験がないので、選手とコーチの距離感がもうひとつよくわかっていないところがありました。担当コーチの本当の気持ちは、その選手に「託したい」し、「使ってほしい」のです。でも僕に話しても「ダメだ」と言われると考えて、口に出さない。

そうか、喜ぶ言葉、幸せになる言葉を使うと、人は期待以上の力を出すことがあるんだ。そのことに僕が気づき始めて、チームを取りまく空気が変わっていきました。

「認める」プロセスを加える

チームが少しでもいい方向に進んでくれたらと、僕に忠告してくれる人は何人かいました。

「そうだな」と聞きながらも、十分に理解できていない自分がいました。僕の様子を見て、「ああ、わかってもらえないんだな……」と思わせたこともあったはずです。

2018年シーズン中、毎日のように怒っていた時期がありました。僕が何か言って、言われた相手の表情を見ると、「ああ、またか」という顔をしていることが何回もありました。

僕が口にするひと言、取る態度、その一つひとつをみんなが見ています。どんなに見ていないふりをしていたとしても、現場のトップである監督を最後に見て、「監督はこれでよかったのか」「監督は本当はどうしたいんだろう」と気にしています。

勝てない時期を経て、8月になったころ、僕は僕の考えを一方的に伝えるのではなく、選手、コーチ、トレーナー、彼らが普段からやっていることを、まずは認めなければならないと考えるようになっていきました。

いいや、認めていないわけではありません。「承認」というプロセスをひとつ加えてから先に進まないといけない。人と人の関係においては、この点がすごく大事なのです。

「なるほど、これもやってくれているんだ。ありがとう」

しっかり承認をしてから、課題の指摘と問題解決へと進む。それまで僕には、承認の部分が足りなかった。「やるのが当たり前」とか、「なぜ、できてないんだ」とか、振り返ればそういう言葉ばかりでした。

みんなの考えを聞いていないので、自分以外がチームと野球に対してどんな意見を持ち、どう行動しようとしているかが見えていません。指示したことをやってくれるだろうと勝手に期待して、「指示して、説明もしているのになぜできない」と疑問に思い、コーチに強く言う。このくり返しでした。

相手の話をきちんと聞けば、何が食い違っているのかがわかるのに、話を聞く前に僕が叱ってしまうから、相手は「言っても無駄だ」と心を閉ざしてしまう。

そんな自分の姿に気づいて、一時は「こんな状態で監督なんてやってはダメだ」とさえ思いました。人の話を聞くこと、コミュニケーションを一からやり直すくらいの覚悟がないと難しいのではないか、と考えていました。

機会を持つ

僕には反省すべきところが多々ありました。チームはうまくいかない部分を抱えていました。ペナントレースでは埼玉西武ライオンズに勝てずパ・リーグ2位に終わりました。

それなのになぜ、クライマックスシリーズで勝ち上がり、日本シリーズで優勝できるまでになったのか。

僕は大きな「学びの機会」を得たのです。

選手たちとの食事会です。コーチ陣は交えず、監督である僕と選手たちで会を持ちました。

シーズン中に監督と選手たちの食事会を持つことは、僕の選手時代にも、監督になってからも経験がありません。新鮮な体験でした。

誤解しないでほしいのですが、食事会にコーチを交えなかったのは、コーチが一緒だと問題があるということではありません。選手が日常接するのは担当コーチです。ふだん、選手たちへのコメントは担当コーチを介して伝えるのですが、僕の思いや考えていることを、直接伝える機会もあっていいんじゃないかと考えたのです。

２０１８年8月7日のロッテ戦の後でした。マリンスタジアムでの試合後、20代半ばから後半くらいの若い選手たちとの食事会をセッティングしました。

選手たちの考えを聞き出すためのきっかけとして、「おまえがベストだと思う打線ってどういうのかな」「おまえが監督なら、どんな打線を組む？」など、一人ずつ聞いてみました。

ホークスには4番をまかせられる選手が何人かいます。日本では4番を打線の中心に置く傾向がありますが、メジャーリーグでは2番や3番に最も優れたバッターが入ることがあります。そこで、4番論議になりました。たとえばトリプルスリーを狙えるような選手はどこに置くのがベストなんだろうと。

「柳田《やなぎた》（悠岐《ゆうき》）選手が4番じゃ、もったいないでしょう」

「4番がもったいない？　じゃあ何番がいいんだ」

「1番でしょう。あ、3番もありかな。だって、柳田選手の前にランナーがいないと話にならないじゃないですか」

僕には考えつかない打順や選手の活かし方を提案してきたり、僕の知らない選手の能力を教えてくれたりしました。話を聞いていて、純粋に「若い人の考えはおもしろいなあ」と思いました。

わかる部分もあるし、もちろん僕とちがうところもあります。そこで、僕の考える打順ごとの役割を話したりしました。僕にとって打線は「どうやって点を取るか」が大事であって、点を取れない打線は組みたくないという視点で考えます。そうした話もしました。

それに対し、「へえー、監督はそう考えるんですね！　僕はこう思いますけど……」と選手たちも率直に自分の考えを返してくる。まるでみんな野球少年に戻ったかのように野球談議に花が咲きました。

次の日、「昨日、監督と話してけっこうおもしろかったです。また機会があったら一緒に行きたいです」というような話を選手がスタッフにしてくれたそうです。それを聞いて、やって良かったなと思いました。

この晩、若い選手たちと話ができたことが、チームの反転攻勢のきっかけにつながりました。そして、コミュニケーションは一方通行ではない、僕がもっと聞き役にならないといけない、と確信する機会にもなりました。

要望に応える

その翌々日、ベテランの選手たちとの食事会を行いました。チームの苦しい状況が続く中、チームスタッフが機会をつくってくれました。

「監督、行きましょうか」

「そうだね」

正直、自分の中では不安でした。シーズン中の監督と選手の食事会など、ひょっとしたら、よけいにうまくいかなくなることもあるんじゃないか……。

でもそれは杞憂《きゆう》でした。なごやかな時間を過ごすことができました。

その時、選手たちから要望がありました。「ピッチャーが打たれた時には守っている時間が長くなるので、気持ちを紛らわすためにガムが食べたいです」と言うのです。僕が監督になってからは、茶髪や髭《ひげ》、試合中のガムはNGだったので、最初はやっぱり「ダメ」と言いました。でも、「絶対に口は開きません」「くちゃくちゃ噛《か》むような見苦しい真似は絶対にしません」「もしそんな選手がいたら、すぐやめさせます」「リラックスしたほうが打てると思いますし、結果も出します」。そういうことを何人かの選手が口々に言うのです。

シーズンの終盤を迎え、これから大事なのは、みんなでどうまとまっていくかということです。僕個人のポリシーに反することがあったとしても、チームがまとまることが大事だと思い直しました。

いままでこういう食事会をすることもなく、ゆっくり話す機会もなかなかつくれませんでした。そんな場で「ぜひ」と選手が言うことには、彼らなりの意味があるのだろうと思いました。「わかった」とOKしました。

食事会を終えて聞こえてくるのが、「つまらなかったな」とか「しなくてもよかったんじゃないですか」という声だったら後悔したと思います。でも、「食事会、すごくよかったと思います」と言ってくれたベテラン選手がいました。そういう声が聞こえて、「よかったな」と自分の中でホッとしたのを覚えています。

僕は、もっともっと周囲と信頼関係をつくっていかなきゃいけない人間です。だからこそ、ああいう機会がつくれて本当によかった。

ベテラン選手たちとの食事会で聞けた言葉がありました。

「これから40勝9敗でいきましょう！」

その時は借金1でチームはリーグ3位。いま振り返ると、ほぼ「どん底」の時期です。しかし、みんなの表情は力強く、誰一人、優勝をあきらめていない。僕は感動すら覚えていました。

「みんな、頑張っていこうな」

「はい、頑張りましょう、絶対に優勝しましょう！」

みんなで気持ちを確かめあいました。

シーズン終盤の驚異的な追い上げ、そしてクライマックスシリーズ、日本シリーズの勝利はこの日から始まったのです。

クエスチョンを残さない

伝える、聞く、引き出す。さまざまな人間が集まるチームの中で、思いと思いを共有していくことは本当に難しいです。積み重ねても、ちょっとした誤解でもろくも崩れ去ってしまう。そういう場面がたくさんあります。

中村天風《なかむらてんぷう》、佐々木正《ささきただし》の本、上杉鷹山《うえすぎようざん》について書かれた本などを勉強のために読んでいます。そこには仏のような言葉が並んでいて、自分は小さいなと思わせられます。そうした本の中には、時に「本当に難しいと思う人は即刻切るべき」というような厳しい言葉が書かれていることもありびっくりします。でも、僕はいまのところ、そこまでの気持ちにはなれません。

僕がいまやらなければならないのは、自分できちんと伝えることです。僕のよくなかった点は、コーチなど人を介して選手と話をしていたところです。「じゃあ、僕から言っておきましょうか」と言われると、「おう、頼む。言っておいてくれ」とまかせっきりにしてしまった部分が多すぎました。

一緒に会って話をすればすむのに、誤解を生んでしまったことがいくつもありました。伝言で伝えられた選手にも、きっとクエスチョンが残ってしまったと思います。

コーチが十分に理解していて、意思の疎通が完璧であれば問題はないかもしれません。選手に話す時にも、僕の伝え方のダメなところをコーチがフォローしてくれ、伝えられた選手も「そういうことなんですね。わかりました！」と理解できるでしょう。コーチとのコミュニケーションがそこまで十分でない時は、単に「伝える」のではなくて、コーチや選手に「伝わる」努力と工夫を、僕自身がしなければなりません。

そこが未熟だったから、僕にまかされたコーチや選手は互いにクエスチョンが残った状態で話をし、「結局、監督は何が言いたいんだ」という状況になってしまったのです。

僕は伝えたつもり、相手は「どうしたいんだよ」というクエスチョンが残ってしまったまま、ということが、あとで聞いてみるとたくさんありました。

結論はみんなで出す

選手とコーチが話をして、どうしても調子が悪かったり、何かの原因でうまくいかないことがあるとします。状況によって参加する人は替わりますが、そこにトレーナー、トレーニングコーチ、担当コーチが入って、いろいろ話をしていきます。

試合に出られる、出られない、先発させるが6回で降板させるほうがいい、など重要な判断になることも多くなり、最終的には僕が入って話をすることになります。

２０１８年は故障者が続き、連携がうまくいかず、話も伝わらない影響がさまざまに出るようになってきました。僕はそれを肌で感じていて、どうしようかと悩んでいました。

そんな8月の終わりから9月頭のこと、「全員を集めますか」と助言されました。「そうだな、みんな集めてやろう。そうしたら、お互いに話ができるから」

みんなを揃えるためには、ミーティングの時間を早くしなければなりません。集まったところで、みんなで話をして、打順もみんなで決めて、どういうバックアップをするかを全員参加で話し合います。コーチも、トレーナーも、トレーニングコーチも、みんなです。ピッチングコーチも、バッティングコーチも、守備コーチもです。全員のいるところで話し合ったのです。

それまでは、監督として決めたことを伝えるのがメインでした。聞かされた側は、どこかクエスチョンを持つことがあっても、「はい」と黙って聞いていたと思います。でも、あらかじめ結論を出してしまわず、みんなで話し、疑問を出してもらうようにしたら、意思の疎通が格段にスムーズになりました。

打順を決めるときも、「この選手は膝に痛みが出ているから、6回ぐらいまで使ったら代えますので、次の選手の用意をお願いします」と、試合前にシミュレーションをしてから臨むようになりました。

みんなで話す、みんなで疑問を出す、みんなで結論を出す。それとともに僕の考え、監督としての方針をみんなの前で伝える。手間は増えますが、スムーズに回るようにするためのコツは、じつはすごくシンプルなことだったのです。

全員が「本当は敗者だ」と思っていた

2018年の日本シリーズでは、前述の通り優勝を果たし、15回という、僕の想像以上の回数を胴上げしてもらいました。あらためて選手たちには感謝の言葉しかありません。そして、宙に舞いながら、僕は選手たちの「強い思い」を感じていました。

みんな、わかっていたのです。クライマックスシリーズのファーストステージ、そしてファイナルステージでも、勝って胴上げをしたりはしませんでした。ビールかけはしましたが、自分たちはリーグ2位、本当は敗者なのだ……と複雑な思いでいました。主力選手はほとんどインタビューに答えることもなかったそうですから、主力ほどその思いは強かったと思います。僕も最初の乾杯こそ参加したものの、早々に引き上げました。

僕も選手たちに「自分たちはリーグ2位なんだぞ」という話をしていました。その思いを持って臨んだ日本シリーズ。みんなで一つになって闘ってつかんだ勝利です。抑圧された思いが爆発したというわけではないでしょうが、強い達成感と高揚感が、あの胴上げの回数につながったのではないかと僕としては思っています。

いまだから言えますが、みんな満身創痍《まんしんそうい》でした。肉体的な問題を抱えていた選手は何人もいます。それこそ、もう一試合あったら本当に壊れてしまいかねない、ギリギリの状態でした。

ある選手は、後で親指が亀裂骨折《きれつこっせつ》していたことがわかりました。

腰痛を抱えていて限界間近だった選手もいましたし、いつもなら秋のキャンプに元気いっぱいに参加する主力選手が、2018年に限っては「すいません。お願いします、休ませてください」と言ってきました。彼のそんな言葉は初めて聞きました。

みんな、最後の力を振り絞って日本シリーズを闘っていました。

だから僕は第6戦で決めたかった。ここで決められず、第7戦、第8戦にもつれ込んだら、広島東洋カープに勢いがつき、ホークスの選手は故障が悪化してプレーに支障をきたし、一気に形勢逆転の可能性もあると考えていました。

「今日は一番大事な試合だ。必ず、勝つ！」

「勝ちたい」というその一念が、選手たちを突き動かしていたのだと思います。きっと広島の選手たちも同じだったでしょう。互いにギリギリなものを抱えながら、執念と執念がぶつかり合った。2018年の日本シリーズは、ホークスの4勝1敗1分けという勝敗差以上に、毎試合どちらが勝ってもおかしくない熱戦になったのは、当然のことでした。

コーチの熱意が「甲斐キャノン」を育てた

チームの日本一は「結果」としてついてきただけで、僕の力ではありません。僕が上手に選手を使ったということではなくて、コーチが選手をうまく育て、「あの選手を使いたい」と言い、「じゃあ、どうやって使うか」と試行錯誤した結果です。

日本シリーズで「甲斐キャノン」として活躍し、MVPに輝いたキャッチャーの甲《か》斐拓也《たくや》君もそうです。レギュラーシーズン中は、彼を試合でどういうふうに使っていこうかとコーチと何度も話し合いました。甲斐君はリードに関しては経験が浅く、まだ成長過程にある選手だと考えています。

そこで、キャッチャーのマニュアルをつくっていこうと進めています。「それでもダメだったら、代えることも一つの方法だよね」と僕が発言したところ、「監督、ここは我慢してもらえませんか」とコーチに言われて、「わかった。まかせる」そんなこともありました。

コーチは、僕が代えようとすることがあっても、「今日は出してもらえませんか。今日がダメだったら、また明日考えましょう」と、粘り強く「なんとか彼を育てたい」という気持ちを伝えてくれました。だから、僕も信じて迷わず試合に送り出すことができました。そしてシーズンを通して闘うことで甲斐君は育ちました。

一方でコーチたちは、「監督には、おまえのやる気が全然見えてないぞ」と、甲斐君に限らず常に選手本人を叱咤《しった》激励《げきれい》し、背中を押してくれることもありました。その言葉に選手はみな奮起したでしょう。

そうやってチームはできていく。意気に感じたみんなが頑張ってくれて、勝利に結びつく。

ホークスというチームは勝ち方を知っているし、どうすればいいかというのもわかるし、サインが出れば、「ここは絶対『走れ』だろうな」という判断をみんなが感知してくれます。

結果として、就任4年で日本一3回。メディアなどで「監督がすごい」と書かれたこともありますが、そういわれても僕には「自分でやった」という感覚がまったくないことに気づきました。まわりの方が評価してくれることはありがたい気持ちでいっぱいですが、それ以上に、もっともっと勉強して、野球人というより人として、もっとできることをたくさんつくらないといけない、というのがいまの率直な心境です。

小さな齟齬《そご》に気づく

監督とコーチは、立ち位置も、選手との関係性も全然ちがいます。

コーチは選手に寄り添うところがあります。

監督は厳しいことを言ってもいいし、「こうしてほしい」「なぜできないんだ」というリクエストも当然あります。ただし、コーチを通じて選手に伝えるというプロセスを考えて、言葉を変換して伝えていく必要があります。

僕とコーチのコミュニケーションがとれていて、選手のことをお互いに理解できていれば、コーチは厳しいことを選手に言ってくれるでしょう。そこがないと、伝え方が中途半端になるというか、「監督がこう言っているから、おまえ、こうやらなきゃいけないいんだよ」という言い方になってしまいがちです。

「オレは選手を育てたいんだ」という思いについて、もっと話をしておくべきだったという反省が僕の中にはあります。そうすれば、コーチの言い方も変わるはずです。「監督はこういうふうに考えているんだ。おまえのことを思って、いまはできないかもしれないけれど、これをやれと言っているんだ。だから、そこは頑張らないといけないよ！」

コーチの言葉がこんなふうに変われば、選手の受けとめ方はまったくちがうものになるはずです。

これまでは、僕が頭ごなしにガツンと言ってしまうことが多すぎました。それでチームがうまくいかなかったわけではありません。ホークスには意識の高い選手が多く、チームはしっかり勝利を重ねてきましたし、一人ひとりの選手もしっかり成長してくれました。

それでも、一つの小さな齟齬が、チームを揺るがす芽となり、やがて大きなハレーションを呼んでしまうことになります。

コーチたちは、監督である僕から強い言葉で叱責され、「オレたちだって勝たせてやりたいと思ってやっているんだ！」と憤懣《ふんまん》やるかたない思いになる。仕事だから我慢するけど、けっして納得はしていない。

そういうことが起きないように、小さな齟齬に気づき、その食い違いを正すことが大切です。

知識が邪魔をする

「知識」というのは時に邪魔になることがあります。自分の知っていることを披露するつもりで話しても意味はありません。相手が「それってどういうことですか」と興味、関心を持って聞いてきて、それから話す、というのが正解だと思います。

「オレは知ってるよ」という言い方をしたら、人の心は離れてしまいます。気づかず、僕の発言にはそういうところがありました。

僕は野球が好きだし、選手がよくなる姿、頑張っている姿を見るのが好きです。頑張っている人を何とかしたい。ケガをしないように、させないように、指導する側として考えて行動しなければならない。なにより、この点に対する思いが強いと感じています。

一方で、僕はちょっとしたところで出すしぐさや態度がよくないとか、人に伝えるべきボキャブラリーが足りないなど、厳しい指摘もされています。それも自分で学ばなくてはいけないところです。

選手一人ひとりの情報をコーチと共有する。そして、監督である僕が思ったことを先に言うのではなくて、コーチが思っていることを真っ先に聞かなければいけない。コーチがどうしてそのような指示を選手に出しているかを、まず聞く。

そう考えるようになったのは、これまでのダメな僕の言い方に気づいたからです。「なんで、あんなことやってるんだ?」と聞きながら、顔では早くも「ダメじゃん」と全否定している。その表情を見て、あえて自分の意図や気持ちを話す人はいないでしょう。むしろ、だんだん、話をしないようにしようという気持ちになっていく。

僕としては質問しているのだけれども、相手は「最初からダメ出しされた」と感じてしまう。

「あの練習は、なんでやっているの?」

「いやあ、ダメですかね」

「そんなことないよ。面白いなと思ってね」

　さりげなく聞き出すことが大切です。

　コミュニケーションの上手な人は、人の話を聞くのがうまいと言われます。それがすべてだと思っているわけではありませんが、監督である僕は、まわりの人から見れば「上にいる人」になります。だから、聞く人になる。聞いて、相手の思っていることを引き出せる人にならなければなりません。

　わかってはいるのです。でも、どちらかというとガーッと一方通行になりがちなのが僕という人間でした。話を聞いていても、結果的に自分の言いたいことを言うだけになっている。

　ある本に、「あなたの私生活を見れば、あなたのコミュニケーション能力がわかる」「私生活でしていることを、そのまま外でもやっている」というようなことが書いてありました。わっ、まずい、と思いました。

配慮はする　遠慮はしない

僕の仕事はプロ野球チームの監督ですから、結果につながらない場合は、技術を高めたり、プレーを変えたりするべく、相手に要求をせざるをえません。

野球の技術やプレーについては、非常に高いレベルを求めてもいます。けれども、伝え方さえうまくできれば、選手もやってくれると思います。自分の意思をしっかり伝えることによって、みんなも「よしっ」という思いになってくれる。その手ごたえはあります。２０１８年シーズンの最後には、とくにそう感じることができました。

学んだのは、配慮はしても遠慮してはいけないということです。心くばりは必要でも、自分が言わなければいけないところはバシッと言わなければいけない。ところが僕は、伝え方の悪さに加えて、配慮の仕方を間違えて肝心なことが言えない、伝えていない場面が多かったと思います。

一方で、あとでフォローしなければいけないところが足りなかったり、そのタイミングが悪かったり……。

僕は、「根回し」という言葉を、人を動かすための〝策略〟のように取っていたところがあって好きではありませんでした。でも相手を不快にさせないために一本電話を入れておくとか、話をする順番を間違えないとか、そういう気遣いの重要性も知りました。

見えない動きを見る

55歳になって自分を変えるのは簡単ではありませんが、過去の成功体験を捨てて、足りないところは補い、直さなければいけないところは改めていきたい。

自分のダメさから逃げたくないのです。嫌なことから逃げる、苦手なものを避ける、それが嫌なのです。

人間としては未熟なままですが、でも、野球に関しては素直でありたい。そこだけは誰にも負けたくない。

自分みたいに負けず嫌いで、逃げたくない人間がいる。そして、一人でやっているつもりになっている傲慢《ごうまん》な僕のまわりに、そんな僕を支えるために動いてくれる人がたくさんいます。

少し前の自分だったら、「それが仕事だから」と当たり前のことのように感じていたかもしれません。契約して、プロとして仕事をしているのなら「やるのは当たり前じゃないの?」と。

でもそうじゃない。業務の範疇《はんちゅう》を越えて動いてくれる人たちの見えない力で成り立っているということに、本当の意味で気づいたのです。

いったい自分はこれまで何を見てきたのか——という気持ちになりました。そこから、どうせ一緒に野球をやるのなら、気持ちよくやってもらいたい、一緒に頑張っている人に喜んでもらうことが最も尊いことなのではないか、と感じるようになりました。

選手のため、チームのために動くには、「やりがい」みたいなものが絶対に必要です。お金も大事ですが、たくさんもらったからやりがいが持てました、というものではないと思います。

「明るく元気に、野球は楽しく真剣に!」といつも言っていますが、それは選手だけではなくて、コーチもトレーナーもスタッフも同じです。

つまらなければやろうとも思わないし、データを集めようとも思わないし、大事なことを伝えてくれよと言っても、「まあ、いいか、今日は……」という気持ちの連鎖になってしまいます。そうなったらチームとしては成り立ちません。

気持ちよく勝つために

まだまだ、やりかけたことばかりです。

個々の選手がどうしたらいいかを考えて、簡潔に理解できるようにペーパーに整理して取り組んでもらうこと。一つひとつ「伝える」ための作業に時間を使って、自分で選択してもらうようにすること。

自分が思っていることを表にしたり、文章にしたり。細かく手書きし、ていねいに清書すること。選手の課題や行うべきトレーニング等の方法をまず手書きし、ワードやパワーポイントで清書して選手に配ること。

まだ途中ですが、意識して続けることで、以前より確実に早く伝わるようになっていきたいと思っています。

たとえば、2018年の秋季練習の最終日に話す内容も、前日のうちに手書きで準備することにして、次のようにまとめました。

明日、選手達の前で何を話すのか？

来年のためのスタートは、すでに切られている。
今年と同じ状態で来年キャンプに来ることがないように。
自分自身の課題に対して真剣に向き合って来るようにしてほしい！
プロ野球の世界は厳しい。
みんなもこの現実は、見てきただろう！
何が足りないのか？　どうすれば良くなるのか？　良く考えてほしい！
来年のキャンプまで、時間があるようで、時間は、ない！
自分の可能性を伸ばし、とことん考えて、とことん聞いて、
とことん練習してほしい。

技術は、反復練習でしか身につかない。

筋肉は、MAXの75%以上の重さでなくては、大きくならない。
それを3ヵ月続けて、少し大きくなる。

社会や会社で行われていることを、野球にも使っています。たとえば、PDCAサイクル。ビジネスで使われる、PLAN（計画）、DO（実行）、CHECK（評価）、ACTION（改善）のことですが、これを取り入れると選手の成長のサイクルが早くなります。

選手にやらせて、評価する。次に向けてレベルを上げたほうがいいか、そのままでいいか、まったく違うものにつくり直すか判断する。自分の中での振り返りとフィードバックは、1ヵ月に1回行っていますが、そのサイクルをもう少し早くしたいと思っています。

僕はとにかく、勝ちたいのです。勝ちたいけれども、みんなが幸せにならないようだったら勝っても意味がない。

「勝つ」ということにフォーカスして、みんなを巻き込みチームとして進めていくには、リーダーに経営観や自分なりの野球観が必要だと思います。

育成する、適材適所で人を使う、試合の流れを読んでよい作戦を練って実行するという「正しい方法」だけでなく、自分の野球観なり、判断の背景を周囲の人々に伝える。それが大事です。でも、その一番大切なことが僕は苦手でした。

すでに監督4年目が終わりました。監督として勝負の場にいるのであれば、その苦手な部分を克服するためにはどうしたらいいかを考えなければなりません。自分の頭の中にあるビジョンを、いかにコーチや選手に伝え、それに納得し、気持ちよくやりがいを持ってやってもらえるようにできるか。

新しいシーズンに向けて、僕にいま問われているのは〝そこ〟だと思っています。

第2章 チームづくり

走攻守すべてにスキのないチーム

よく、「工藤さんの目指す野球の理想像とは？」と聞かれます。

僕が目指しているのは、走攻守すべてにおいてスキのないチームです。自分たちで考えて動く野球を実現できるチームであり、相手にとって「嫌なこと」ができるチームです。

いかに相手の思い通りにさせないか。たとえ相手が策をこうじてきても、自分たちがしっかり対応し、ミスをしない。

たとえば2018年の日本シリーズでは、機動力を武器にする広島東洋カープの「足」を封じることができました。マスコミに「甲斐キャノン」と名付けられた、キャッチャー甲斐拓也君のセカンドまで1・7秒台を記録する送球の速さ、正確さが注目されました。

しかし、キャッチャーだけで盗塁を刺すことはできません。ピッチャーのクイックと牽制、また、相手の仕掛けを予測した配球と、キャッチャーが送球しやすいところに投じるコントロール。内野手のスムーズな動き、タッチプレー……。それらすべてがチームとして練り上げられているから、「甲斐キャノン」が威力を発揮するのです。

野球というのは、攻撃側の作戦が成功したから点が入るケースより、そこに守備側のミスが絡《から》むことによって点につながるケースのほうが多いと思います。結局は、自分たちのエラーなりミスが失点に絡むのです。

そこで必要なことは、選手一人ひとりが「その先」のプレーをイメージし、複数のシミュレーションをしておくこと。バントやエンドランなど、相手がいまのシチュエーションでどう動いてくるかを予測し、「こういう打球が来たらこう動く」と、ケース別に最大限考えておく。

こんなことを、いきなり試合ではできないです。練習によって体に覚えさせておく。たとえばピッチャーと内野手の連携で、誰がどう動けといちいち指示されなくとも、ノッカーが打った瞬間に全員が自分の判断で動き、かつ、その判断が一致するところまでチームとして練り上げられていなければなりません。

プロ野球選手は、あらかじめシミュレーションができていれば動くことができます。試合中、予測していなかった事態に対し、突発的に動くからミスが生じるのであって、そういう「スキ」を見せないために、あらゆるシチュエーションを設定し、繰り返し練習することが大事。

このケースで相手が考えている作戦は何か。それを実現するためにバッテリーはどう配球してくるか。相手の作戦を想定し、こちらはその対処法をイメージする。頭と体に覚えさせて、はじめて試合中のミスを防ぐことができます。

工藤公康らしさとは何か

監督生活5年目に入り、つくづく感じるのは、選手時代と監督とでは1年の重みがまったく違う、ということです。

選手時代がより軽かったと言うつもりはありません。あえて言うなら、重さの質が違う、という感じでしょうか。

2015年は秋山幸二《あきやまこうじ》前監督の遺産を引き継ぐ形で、王貞治《おうさだはる》福岡ソフトバンクホークス球団会長に見守られながら、選手たちに気持ちよくプレーしてもらうことに専念しての日本一でした。

それは、振り返れば勢いまかせなところがあり、勝利の喜びをかみしめながら、どこか冷静に見ている自分もいました。

2016年は、もう少し僕らしい色を出し、とくに育成を意識しながら次の時代につながるチームの基盤をつくっていこうと考えていました。春のキャンプに向けて自宅を出るとき、妻に言われたことはいまでもよく覚えています。

「これまで積んできた〝徳〟は去年ですべて使いはたしてしまったと思う。しっかり新しい徳を積まないといけないね」

就任1年目で日本一になり、僕の言動にどこか傲慢《ごうまん》なところを感じたのでしょうか。僕は性格的に調子に乗りやすいところがありますから、客観的に見た僕の姿に「何か」を感じとったのかもしれません。

2016年シーズンが始まって、チームは順調に勝利を重ねていきました。前年以上のペースです。ところが、ある人から今度はこう言われたのです。

「いまからでも間に合うと思うよ。『工藤公康はこういうチームをつくりたい』と発信ができるように、いろいろなことを整理して、何が大事かを考えたほうがいいんじゃないか」

秋山前監督の後を受けて、選手やコーチをそのまま引き継いで、「流れを阻害したくない」という気持ちがどこかにあったのかもしれません。それで、どこか僕らしくない言動が見えたのでしょうか。

「ホークスの野球」というものがすでにある程度できあがっていて、王会長という大きな後ろ盾もある。ならば、そこに工藤公康が参画する意味は何か――。

僕なりの方法論やノウハウをチームと融合させつつ、新しい形をつくっていくことは一朝一夕にはいきません。

一つになることで果たした雪辱

優勝を逃した2016年シーズン終了し、秋季キャンプ中にある主力選手が僕にこんなふうに声をかけてきました。

「優勝できなかったんですから、秋のキャンプは全員で宮崎にきたほうがよかったんじゃないですか」

秋季キャンプは通常はベテランは参加せず、若手の鍛錬の場です。選手のほうから率直な意見を言葉にしてくれたことが、監督としてこれ以上ないほど嬉しかった。本当は監督である僕のほうから一歩あゆみよって、ズレを埋めるべきだったのです。逆に選手のほうから、「次のシーズンは絶対に勝つ」と選手の総意を伝えてくれました。翌年に向けた希望がはっきり芽生えたし、なにより僕自身が救われました。

と同時に、こんなにも勝利に飢えていて、力も十分にある選手、チームを勝利に導くことができなかった指揮官の責任というものを、あらためて見つめ直すことになりました。

選手たちがみずから秋季キャンプへの全員参加を申し出てくれる、こんな強さを持ったチームを勝たせられなかった。その足りないピースを埋めるためには、全力で未来に向かって進むしかありません。同じ屈辱を味わいたくないという気持ちは、僕も選手もいっしょです。


２０１７年のチームのスローガン「1《ワン》ダホー！」という言葉は、たくさんの候補の中から僕が選びました。日本一奪還を目指し、チーム一丸となって、１番を目指し戦うという強い意志の表れです。

ホークスは選手一人ひとりが、他のチームと比べても間違いなく優れた選手が揃っている集団だと思えます。

しかし、バラバラに動いてチームとしてまとまりがなければ、その力を十分に発揮することができません。逆に一丸となれば、足し算ではなく掛け算で、チーム力は何倍にもなると思うのです。優勝を目指し、一つになって闘えれば、僕たちのチームに怖いものはありません。

２０１６年の敗北は、どこか選手個人の能力にまかせてしまい、チームとして一つになりきれていなかったところに要因があったように感じます。そして、そうなった原因はいまならわかります。なにより僕自身の姿勢にありました。

間違いなくチームはベストを尽くしていましたが、100の力をチームとして120、150と大きく膨らますことができませんでした。僕の指導力と経験の不足、そして、伝える力、聞く力、引き出す力が足りなかったのです。

敗北の経験を経て、「1ダホー！」のスローガンそのままに、2017年シーズンにその雪辱を見事果たしてくれた選手には、本当に頭の下がる思いでいっぱいです。

ライバルだけど仲間

2年ぶりに日本一を奪還した2017年も、盤石で、常に優位に立って圧倒しての優勝だったわけではありませんでした。特に前半戦は離脱者もあり、東北楽天ゴールデンイーグルスに首位を明け渡す場面もありました。先発が早々に崩れ、リリーフに負担がかかる試合が続いていました。

あれは8月1日の京セラドーム大阪での対オリックス・バファローズ戦のことでした。延長戦の末に守護神のデニス・サファテがサヨナラ本塁打を浴びてチームは敗れました。試合後、サファテがメディアにこんな発言をしたことが報道されました。

「先発ピッチャーが毎試合のように短いイニングで降りていたら、そのツケは救援陣に回ってくる。それをもっと感じて欲しい。首脳陣も先発をもっと信じて投げさせるのもありじゃないのか……」

この発言は、メディアを通して瞬《またた》く間に広がりました。チームリーダーとして人望があるサファテのこうした一言で、チーム内に動揺が生まれることも十分に考えられます。

しかし、2016年の敗戦という経験を経て、チームは「ライバルだけど仲間」という強い絆《きずな》を持つようになっていました。また、サファテが自分の一方的な思いで発言をする男ではないということは、みんながわかっていました。ブルペンの柱であるのはもちろんのこと、先発ピッチャーにも、打たれれば近寄って声をかけて励まし、野手ともしっかりコミュニケーションをとっていました。「あのサファテが言うのなら……」と、きっと先発投手陣は発奮したはずです。

僕は翌日の試合前に、サファテと腹を割って話そうと面談を行いました。彼のほうから前日の発言を謝ってきたので、僕は逆に申し訳ない気持ちになって、君にそこまで言わせてしまった僕の責任です、と頭を下げました。僕にもっと周りと意思疎通を上手にする力があったら……。

その8月2日の試合は、先発したバンデンハークが8回13奪三振1失点の勝利。

災《わざわ》い転《てん》じて福《ふく》となすという言葉がありますが、結果的にこのサファテの発言が、チームにとってはプラスの方向に切り替わるよいきっかけになりました。以降、2017年はパ・リーグ優勝、クライマックスシリーズ、日本シリーズと勝ち上がっていき、勝利を手にするたびに、チームの絆はいっそう強固になっていったと思います。

チームとは、スローガンを掲げたから一つになるのではありません。助け合い、苦しさをともに乗り越えていくことで、自然に一つになっていく。すべては勝つためにーー。

野球とはこんなに苦しいものなのか

選手時代、僕は西武で日本シリーズ2連覇と3連覇を2回、ダイエーで日本一1回、巨人で日本一2回を経験しましたが、現役時代は仮に優勝を逃しても、「じゃあ、また来年頑張ろう」と切り替えていました。

しかし、2016年の手痛い敗退を経て、2017年に日本一になったとき、それまでとはまったく違う気持ちになりました。

結果的に独走できたといっても、2017年のシリーズは楽勝とは程遠いシーズンでした。ベンチ入りの選手の頑張り、若手選手たちの活躍に助けられ、なんとかやりくりすることができた。また、絶対的守護神サファテがいることで、接戦をものにすることができました。

勝敗がどちらに転んでもおかしくない戦いが続き、「勝った」という喜びよりもホッとした気持ちのほうが強かったと思います。

野球というのはこんなに苦しいものなんだと、監督という立場になって初めて知った気がします。だから、優勝を果たしたときは感情を抑えきれず、涙がとめどもなく溢《あふ》れてきました。

ありがたいことに、これまでのプロ野球人生で何度もリーグ優勝や日本一を経験させてもらいましたが、勝って泣いたというのは記憶にある限りこのときが初めて。

つくづく感じたのは、監督というのは本当にたくさんのものを背負っているんだな、ということです。

プロの世界で契約解除はいつでも起こりえますから、一年一年が勝負であることは言うまでもありません。そして、自分のことは自分で責任を取ればいい。感覚的には選手時代と同じです。

でも監督になって感じた、大勢の人の人生をダイレクトに背負っているということの重さ、これは想像以上のものでした。選手やコーチ、チームスタッフの人生を預かっています。さらには彼らの家族の生活もかかっています。勝利への思いも、一投一打への執着も、ファンのみなさんからの声援さえも、選手時代とは感じ方がまるで違います。重圧であると同時に、不思議と「感謝」——この言葉を強く感じるようになりました。

ピッチャーだった現役時代は、0点に抑えれば負けはありません。

一方で、もし自分の登板時に全勝したとしても、チームが優勝できないことも起こりえます。結果、どこか「投げる責任を果たす」「登板機会にチームを勝たせる」ような、自分個人の責任範囲にだけフォーカスしてしまった時期が若い時はありました。

しかし監督は、すべてに責任を負っています。誰かにまかせたことであっても、結果に対する責任から逃れることはできません。

勝ってほめられるより、負けて采配《さいはい》を批判されることのほうが多いのが監督です。

勝っても、選手の使い方、勝ち方でとことん批判されます。

Aという選択をして出た結果に対し、Bという選択のほうがよかったのではないかと、試合終了後に一人検証して煩悶《はんもん》することが日課になりました。その瞬間の決断に対しても、出た結果に対しても、「本当はこれが正解だった」という絶対的な答えがないからこそ、苦しい時間のほうが圧倒的に多くなるのです。

さらに、2018年シーズンには、この姿勢は間違いではないが、正しくもないと学びました。責任はむろんありますが、一人で背負うとかえってうまくいかない。でも、そこに気づくには、時間が必要でした。世のプレイングマネージャーや現場指揮官の立場にある人も、きっとみな同じではないでしょうか。

こうした経験を経て、僕は選手が殻を破って素晴らしいプレーをした時の喜び、相手チームに押されているときにファンの方たちの大声援に後押しされ、それがきっかけで流れが変わり、勝利をつかむ感動といったものを、いっそう強く感じるようになりました。

「第二先発」誕生の理由

２０１８年の日本一についてはメディア等で大きく取り上げられました。ここでは、クライマックスシリーズや日本シリーズで注目された「第二先発」について話します。

「第二先発」のアイデアには、きっかけとなる出来事がありました。

２０１７年の交流戦の最後の広島東洋カープ戦、勝ったら優勝という試合に、ピッチャーをどんどんつなぎ、僅差《きんさ》で勝利をおさめました。このときは丸佳浩《まるよしひろ》選手を抑えれば勝てると考え、彼の打席に左ピッチャーを注ぎ込んだのです。最後は絶対的守護神右投げのサファテが空振り三振に打ち取って勝ちましたが、「１試合ぐらいならピッチャーをつなげば勝てる」という僕の中の成功体験になりました。

２０１８年シーズンを見ると、千賀滉大《せんがこうだい》君、東浜巨《ひがしはまなお》君、それから、バンデンハークなどは、登板間隔を空けたほうが絶対にいいという傾向がありました。

一方で、武田翔太《たけだしょうた》君は、間隔を空けようが、短くしようが、あまり結果が変わらない。ただ悪い時はかなり早い回で降板となっていました。だったら彼をリリーフに回したらどうか……という発想につながったのです。

中盤の埼玉西武ライオンズ戦で、武田君が2回7失点で降板した試合がありました。それからリリーフへ回ることになりました。崩れていた中継ぎ陣がよくなってきたので、また先発に戻しましたが、武田君を中継ぎに回してリリーフさせるというシミュレーションはできていました。

クライマックスシリーズを意識する9月に入ったくらいに、ピッチングコーチのほうから「第二先発」というキーワードが出てきました。「高橋礼《たかはしれい》を第二先発として使えますね」と。

モイネロを二軍に落とした時に、「第二先発」ができるような長いイニングを投げられるピッチャーをつくろうという話になり、武田、石川柊太《いしかわしゅうた》、高橋、モイネロの4人が候補になりました。

そのころには、育成契約から上がってきた大竹耕太郎《おおたけこうたろう》君が勝ち始めました。しかし9月の西武戦で打ち込まれ、「中継ぎに入れたほうがいい」というコーチ陣の意見が出てきました。そうした視点で見ると、大竹君も「第二先発」に使えるように見えました。

ホークスのリリーフ陣で「1イニング」しか投げないピッチャーは、後ろの3人ないし4人くらいです。あとは全員どこでもできます。

その中の代表格が武田君と石川君でした。長いイニングも投げられる、短いイニングも投げられる。まさしく「第二先発」という位置づけになりました。第二先発が2人いれば、片方に投げてもらい、片方はその試合を休ませることができる。

たとえば武田君が3イニング投げたら、2日休ませる。その間に残りのピッチャーを使って、次は石川君が投げる。そういう計算が立ったので、シーズン中から「第二先発」のシミュレーションと準備を進めていました。そのため、クライマックスシリーズではっきり「第二先発」として使っても、そのころには選手の誰も違和感を覚えない状態にすることができました。

第二先発も負担は重いのですが、シーズンを闘い抜いてみんな満身創痍《まんしんそうい》。むしろ、先発、中継ぎ、リリーフの区別なく、「だから、みんなでやろうぜ！」という雰囲気になっていました。すべてはチームが勝つためです。

PDCAを実践した先発ローテーション

考えて、絶えず変化していくということで象徴的なのは、ホークスの先発ローテーションかもしれません。

ピッチングコーチが持ってくるローテーションの組み合わせは、２０１８年はシーズンを通して最後には20種類以上になりました。メモにして持ってくるのですが、シーズンはじめからクライマックスシリーズ、日本シリーズと20枚以上のメモが僕の手元に残っています。

先発、リリーフ、ベンチ入りするピッチャー。それぞれの選手の調子を見ながら、考慮する点は多岐にわたります。持ってきたメモをもとに話し合って、練り直したローテーション表をまた持ってきて、「じゃ、これでいきます」と決める。

２０１８年は故障者がたくさん出て、途中途中で組み替えをしていきました。ピッチングコーチからの提案、僕からの提案、意見をぶつけ合い、議論を重ねました。

一軍の試合の出場選手登録はこのとき最大28人（注：２０１９年から29人）。ベンチ入りは25人まで。登録抹消すると10日間は再登録することができません。

シーズン後半になると、抹消・登録で一軍と二軍の選手を入れ替え、一軍登録のピッチャーの数を野手の登録人数と調整したりということが激しくなってきます。そうやってできたのが、20枚以上のローテーション表とベンチのリリーフ陣の人数の変化です。

僕は固定観念で行動することはしないように心がけています。考えもなく思いつきでやることもしません。

言い方を変えれば、これは前述の、PDCAです。PLAN（計画）、DO（実行）、CHECK（評価）、ACTION（改善）とビジネスの世界で使われるそうですが、ピッチャーのローテーション、バッターの打順、ひいては一軍・二軍の選手のマネジメントも、まさにこのやり方に基づいています。

先発ローテーションで言えば、ピッチングコーチの間で、選手の調子やコンディショニングをはじめ、いろいろなことを考えたうえでプラン（P）をたくさん出し合って、実際に試して（D）、評価しながら（C）、何がベストなのかを模索し、改善（A）していく。PDCAを知る前からこのようなやり方をしていて、後から理論を学んで間違ってはいなかったことを知りました。

なかでも大事なのがD、実行です。計画も大事ですが、思い通りになることはありません。そこで、なるべく早く実行に移し、より良く、より早く回すことがもっと大事だと考えています。

やっていくなかで、一つの最善策のようなものは見えるのですが、長いシーズン中、徐々にずれてくることがあります。その時に、すぐに変更ができるようにしていく。

イメージを膨らませながら、状況の変化に対応できるパターンをどれだけたくさんつくっておけるかがポイントです。また、選手たちにも伝え、ローテーションの組み替えについて理解してもらいつつ、そのための準備も進めなければなりません。

最終的には僕が何も言わなくても、当時の倉野信次《くらのしんじ》一軍投手統括コーチを中心に、ローテーションの案が整うようになりました。以前は、「監督、こういうプランはどうでしょう」と伺いを立ててきたのが、みんなで検討したうえで「ローテーションはこういういくつかのプランを作成しました」と複数の結論を提案するようになっていきました。

選手の状態を把握し、シミュレーションし、たとえばリリーフが7人になったとしたら何日持つか、持たなければどうやって補充するのか、そのバックアップの選手たちをどういうふうに二軍と連携して確保していくのか、誰と誰がバックアップになっていて、どんな調整をさせればいいのか……。コーチたちでさまざま考えるようになったのです。

２０１８年はチームとしては苦しいシーズンでしたが、コーチ陣の頑張りと成長には頭が下がります。

「第二先発」にこだわらない

正直に言えば、本当は「第二先発」という手法を用いたくありませんでした。ローテーションは、安定した先発陣とリリーフ陣で組むのが本来の姿です。先発ピッチャーは長いイニングを投げたいと思って準備し、登板しています。そんな先発ピッチャーが6人いて、彼らにできれば完投、すくなくとも7回は投げてもらい、リリーフ陣が試合を締める。それがベストです。

そのうえで、チーム状況や試合の重要性に応じて、選手の故障につながらないような一時的な処置ということで「第二先発」も活用する。

結局、「第二先発」は苦渋の選択というか、なんとかチームが崩れないようにするため、その時に「最良の方法はなんだろう?」と探し求めてたどり着いた、ひとつの方法でしかありません。

評価いただいた面もありますが、あくまで、「2018年はやむを得ずこれでいくしかなかった」ということです。先発でダメだったからリリーフに回して、それでよかったから、結果オーライで喜ぶというスタンスは、僕は好きではありません。

ほかの球団でも試みているやり方ではありますが、ホークスでは、ストレートが150キロを超えるピッチャーが「第二先発」に入りました。そういうピッチャーでまかなうことができたからなんとかうまくいった、というのが本音です。このやり方は絶対に続けられないです。これを数ヵ月続けたら選手は壊れてしまいます。

勝ち続けるためのメンタリティーを継承する

もともと福岡ソフトバンクホークスというチームには、「勝ち続けるためのメンタリティー」が根づいています。内川聖一《うちかわせいいち》君、松田宣浩《まつだのぶひろ》君、柳田悠岐君、中村晃《なかむらあきら》君といった主力選手は、ウォーミングアップから率先してしっかりやっているし、声も出していいます。練習がいかに大事かを普段から態度で示してくれるので、若手選手たちには手本になり、また刺激にもなっています。

若い選手たちは、いまはウォーミングアップやトレーニングの本当の重要性をわかっていなくてもいいのです。しかし将来、主力となり、現在の内川君や松田君の役割を担う頃には、「若い時にあのトレーニングに取り組んだから、大きなケガをせずに野球ができたんだ」と思ってもらえるようになってほしい。それは、5年後10年後の話かもしれません。でも、5年後10年後のために「いま」が大事です。

そして、ホークスの厳しい練習で自分を磨いておけば、たとえいまは試合に出られなくても、やがて試合に出られるようになった時、または他のチームに移籍することになった時も、〝その先〟で活躍するチャンスは絶対に出てきます。僕は、このチームのトレーニングや練習をそういうレベルにまで高めていきたいのです。

僕は一軍の監督ですが、二軍や三軍の選手にも、一人ひとり常に高いモチベーションを保って野球選手としての自分を磨いてほしいと思っています。あせらず、すでにある素質や能力を高めていくことでより強さを増していく、チームを強くする。それが「継承」だと思います。

だから、トレーニングの部分に関しては、「口うるさいオヤジ」でOK。練習が厳しいといわれて全然OK。人と人の関係性のつくり方、コミュニケーションの取り方がヘタくそでも、このスタンスだけは変えるつもりはありません。

55歳になった僕はいま、「管理野球」といわれ、ものすごく厳しかった西武ライオンズ時代の広岡達朗《ひろおかたつろう》監督に感謝しています。

練習はもちろんのこと、徹底した食事管理に至るまで、厳しい鍛錬の時代でした。

高卒で入団した僕は、若い時は不満に思うこともありました。20代後半になって一度体を壊し、妻の全面的なサポートを受けながら食事を根本から変え、内臓からの肉体改造を続けるようになりました。年齢を重ねるにつれ、若い時に広岡監督に指導されたことの本当の意味が、だんだん理解できるようになりました。

あの鍛錬があったおかげで200勝をあげ、48歳で自ら引退を決めるまで現役を続けることができたと思っています。

「先憂後楽《せんゆうこうらく》」という言葉もありますが、苦しかったけれど、苦しさを越えてきたから、プロ野球選手として心から笑える結果を手にすることができました。

広岡監督も、その後を受けた森祇晶《もりまさあき》監督も、ものすごく厳しい監督で、「人生の先輩」「年上の友人」のような個人的な近しさ、親しさを感じる存在ではありませんでした。それでいい。むしろ、そういう関係に徹するべき、と考えるようになりました。

監督としての工藤公康は、いずれは球団から去る瞬間がやってきます。その後も、チームに残った選手個人が、チームそのものが、いっそう実力を高め、武器を磨き、勝利を目指して邁進《まいしん》し続けていてくれれば、それ以上望むものはないでしょう。

選手の希望となれ

4年間それぞれの困難を乗り越えてきて、つくづく感じるのは、チーム運営のかなめはコーチだということです。

プロ野球界において、監督とコーチの関係は、ビジネスの世界の上司と部下のようなものではなく、少なくとも選手に関しては対等です。チームに責任を担っている監督の考えを、コーチは理解したうえで選手を育て、チームを成長に導いています。

監督とコーチ陣が考えるべきことはただ一点。僕たちは選手のために何ができるのか。それだけです。

一生懸命やっている選手は、これから1年や2年は成績を残していなくてもかまいません。

しかし、ある程度の成績があっても練習に手を抜く選手、特にキャッチボールがいい加減な選手はダメです。キャッチボールをおろそかにする選手に名選手はいないと僕は思っています。だから、リズム、バランス、タイミング。基本を大事にするように選手には徹底させます。

選手が自分で学び、考え、自分の力で変わっていくのが理想ですが、学び方がわからない、自分で練習してもなかなかうまくならない選手には、一緒に方法を考え、教えてあげるのがコーチの役割になります。

コーチには、現役時代、選手としての実績のある人が多いのですが、教える側になると、相手の若い選手は、考えや感覚もまったく違ううえに、体の構造や使い方の特徴が違います。一生懸命伝えても、受けとめ方は人それぞれ。

そこで、理論を科学的に学び、専門的な言葉や知恵を得ることで、コーチ自身の貴重な体験や経験が、いまの選手たちに伝わるものになると考え、先生を呼んで体のしくみなどを学ぶ勉強会を開いています。

さらに、担当コーチを入れ替えることで選手育成の視野が広がるとも考えています。例えば、1軍のコーチが育成選手を見ることで、1軍のレベルとの差を把握し、足らないところ、伸ばすべき部分を具体的に選手に伝えて、教えることができる。1軍、2軍、3軍、育成のコーチを入れ替えることで、チーム力のアップにつながると思います。

あるやり方がダメだったら違う方法を。それでもダメだったら別の方法を。あらゆるケースに対応できる方法を見つけるために、監督もコーチも常に勉強をする。

コーチが勉強していけば、選手の希望にもつながります。希望を持たせてあげると、選手はもっと頑張れます。

81

第3章 監督の仕事

嫌われても伝える

世間では、僕は口うるさく、非常に厳しい監督だと言われているようです。なぜそう言われるのかと考えてみました。

野球界に長くいると、志《こころざし》半《なか》ばで去っていく選手の姿を見送らざるをえません。その数は増えていくばかり、減ることはありません。そんな場面に遭遇するたび、「若い選手には後悔してほしくない」という思いが強くなっていきます。

僕はとくに野球が大好きな少年だったわけではなく、たまたま甲子園で活躍してドラフトで拾われてプロに入った人間です。１００パーセント食べるためにプロ野球選手になりました。そこでいいことも悪いことも経験して、40歳を超える頃には心から「野球が好き」と言えるように変わっていったのですが、だからこそ、若い選手を見るともどかしく感じてしまうところがあるのです。

ベテラン選手は長くプロ野球の世界にいて、チームのこともわかってくるし、編成のこともわかるし、「自分はいま、こういう立場にあるな」というのもわかるようになります。だからある意味、戦力外通告を受けても比較的冷静でいられます。

でも、若い選手たちにはそこまでわからないのです。僕が現役時代、後輩にそういうリスクについて話をしたとしても、「いやあ、自分は関係ないですよ」とか、「オレはまだ大丈夫です」という言葉が返ってきました。

選手はみんな個人事業主です。でも、ドラフトを経て入団すると、どこか球団に就職したような気持ちになってしまいます。寮に入るのも部活の延長のような気持ちにさせられます。

でも実際は、一年一年が勝負なのです。

あるとき、やめた選手から年賀状が届きました。そこには「あのときもっと、工藤さんの言葉に耳を傾けておけばよかったです」と書かれていました。

後に悔いると書いて「後悔」です。先に未来を知ることはできません。ただできることは、その先に見える「選手としての幸せ」を自分のビジョンとしてしっかり描き、そこに向かってまっすぐ進み続けることだけ。

僕自身も現役時代、2度クビになるなどいろいろありましたが、それでも野球選手としては幸せです。47歳までプレーできたわけですから。

目の前にいる選手が30歳かそこらでやめていく可能性を考えたら、「嫌われても言おう。言ってダメだったらしかたない」という思いがあります。自分でも「言わない後悔」をしたくないのです。

切磋琢磨させる

ソフトバンクホークスには、「工藤塾」と呼ばれる、ピッチャーの人たちの集中強化班のようなものがあります。監督1年目から始めたもので、秋季キャンプでおもに僕が直接トレーニング指導をしています。

秋季キャンプは、二軍三軍の選手を中心に一人ひとりが自分のレベルを上げるための集中的なトレーニングを積む場です。一度に見られる人数には限りがあるので、倉野一軍投手統括コーチ（当時）と強化したい選手6〜8人くらいを相談して選び、声をかけます。室内練習場に集まってもらって、選手を個別に見ながら、体幹や股関節まわりなどを鍛える指導をしています。

千賀君、東浜君、岩嵜君など、監督就任1年目から一緒にやってきました。また、彼らを見て、「自分もよくなるかもしれない」と参加を希望する選手もいます。ステップアップのきっかけにしてもらおうと思って始めたことですが、選手たちが着実に力をつけてくれているのは本当にうれしいことです。

若い選手が出てくれば主力の刺激になりますし、チームは活性化します。

2018年のオフは若手全体に目を光らせることに注力し、秋季キャンプでは恒例の「工藤塾」を開きませんでした。工藤塾を開かずとも、やることの基本はブレません。体を強化し、「動きづくり」をしっかり進める。

僕はとにかく、チーム内の競争がうまくいき、切磋琢磨《せっさたくま》しながらいろいろな選手が次々伸びていくようなサイクルをつくりたい。

基本となる体幹や股関節まわりの強化、また「動きづくり」のトレーニングは地味で単調です。選手からしてみれば、最初は「こんなきつい練習をして本当に意味があるの？」と感じることもあったはずです。

そうした選手が徐々に結果を残すことで、そのトレーニングの意味や、どの時期に、どんなタイミングで、どのようなトレーニングを積むべきなのか、正しいステップ（トレーニングの手順）を理解してくれるようになってほしいのです。

「やってこいよ」は「期待しているぞ」の証

オフに入る前には、気になる選手にそれぞれ、「こうしたトレーニングをしたほうがいいよ」という指導をしています。

技術的なものから身体的なものまで、選手ごとに課題は変わります。

振り返ると、監督1年目は、「やってきたか」と若手選手にきくと「はい」と答えるものの、動きを見ればやってきていないのは一目瞭然という状態でした。でもそれを責めても意味がないので、「そうか」と返事をしながらコーチと話をし、その時点から少しずつでもトレーニングをさせるようになりました。

これを積み重ね、発展させていき、2018年秋には、約90人の選手全員に直接、アプリを使って監督からのメッセージを送ることになりました。

「やってこいよ」という言葉は、「次の年、期待しているぞ」という意味でもあるのです。「頑張ったら、来年は一軍に上がれるぞ!」という思いを込めて。

でも、言葉にして「一軍に上がれるんだぞ」とは言いません。「一軍で頑張るんだ!」という気持ちでしっかりトレーニングを積んで、春季キャンプに臨んでほしい!　そう思っています。

コーチが計画し、支える

いずれにしても、すべては計画が重要です。計画のないままやみくもにトレーニングを積んでも、再現性のあるプレーができるようにはなりません。そもそも計画の立て方がわからないのであれば、そこから学ぶ必要があります。

計画の立て方、選手をよくする方法論を、まずはコーチから身につけます。3ヵ月のスパンで考えて、結果が出ないのであれば練習方法を変える。問題は技術的な練習にあったのか、筋肉のトレーニングにあったのか、あまりにも急ぎ過ぎてその選手に向いていなかったのか。いろいろな角度から考えて、目の前を見たい。

これらすべてのプロセスをコーチが支えるのです。だからコーチは、たくさんの引き出しと経験値が必要です。自分の限られた体験談から語るのではなく、トレーニングや技術的な練習はもちろんのこと、食事・移動・睡眠など生活習慣にいたるまで、選手の指導に関するすべてのことがらについて目を配り、いつ何時でも、選手の求めに応じて、その疑問に対し、自分の言葉で理由を説明する。そして、うまくいかない時には、ほかの選択肢をいくつも提示できるように準備をする。選手を預かるために大切なことです。

ホークスの投手コーチには、人間の筋肉の名前を覚えることから始めてもらっています。

選手の可能性を信じ抜く

なかなか脱皮できずに、悩む選手はたくさんいます。いいボールを投げるのに、なぜかストライクが入らない。そういう選手がどうすれば一軍で活躍できるようになるのか。もっとよくなるための方法は必ずあるはずと僕は考えます。

現役時代からさまざまなトレーニング理論に触れ、大学院に進んでスポーツ医学を学んできましたが、まだまだ全然足りない。メカニック、技術、メンタル、さまざまな面でコーチや専門家たちの力も借りながら、解決策を見出していきたい。だから僕には、ドクターと話す時間が「一番学べる最高の機会だ」と思えて大好きなのです。

僕は選手一人ひとりの可能性を信じています。いまよりもっとよくなる、今日より明日のほうがさらによくなる。

なにしろ、僕自身がそうでした。球速130キロ台、変化球はカーブだけという状態でプロ入りし、体も手も大きくはありませんでした。西武での現役3年目。僕はまわりの選手のレベルの高さに圧倒され、何一つ勝てるものがないと入団したことを後悔しました。

でも、当時の広岡監督の指示で、アメリカへ野球留学して、厳しい環境でプレーする本場の選手たちの姿に意識が大きく変わりました。

野球に取り組む姿勢もすっかり変わり、一つひとつの練習に意味を見つけ、その日決めたことが終わるまで、絶対に練習をやめないと決心しました。その結果、3ヵ月で球速が10キロアップし、4年目の1985年には先発転向。最優秀防御率の初タイトルを獲得することができました。

アメリカに渡ることがなかったら、僕のプロ野球選手としてのキャリアは早々に終わっていたと思います。現地の選手たちのハングリーさに触れるとともに、技術からトレーニングまで「やり方」を知ったことで、脱皮することができたのです。

あのころの僕の状態を考えれば、いまの若い選手のほうがはるかに肉体的、技術的に優れていると思っています。

勝ち続けるのは生半可なことではない

シーズン直前の2月のキャンプでは、技術や体の強化にじっくり取り組むのは難しくなります。それを重点的にできるのは秋季キャンプとシーズンオフ。時間のある秋季キャンプから積み重ね、オフの12月、1月……と継続する。

選手たちの動きのレベルは明らかに良い方向に変わっていきます。

特に、体づくりと技術の習得が必要な段階の若い選手が、本当の意味で根本から変わるには、3年くらいの時間が必要です。だから「3年は頑張ってみなさい」と言っています。

結果がポンと出ることもあれば、出ない場合もある。でも、たとえばピッチャーとしての土台をしっかりつくっていくと、仮にケガをすることがあったとしても治りも早いし、復帰後も周囲の選手との力の差はあまり開かずにすみます。

プロ野球選手は常に研究されています。自分が生き残っていくためには絶えずレベルアップし続けなければなりません。ホップ、ステップ、ジャンプでレベルアップしたら、次のホップ、ステップ、ジャンプ。それが終わったらまた新しいホップ、ステップ、ジャンプ。プロ野球の世界にいる限り、これはもう続けるよりほかに方法がありません。

プロ野球選手は、学生野球や社会人野球で実力を証明し、スカウトに見出され、チームの編成会議で選ばれてドラフト指名され、プロの世界に入ります。

間違いなく全員に才能があるわけで、入団して1年や2年の間に結果を出すことはそれほど難しいことではないかもしれません。ピッチャーなら、新人の年に10勝できる選手も出てきます。

しかし、それを5年10年と続けられる選手は、ほんの一握りです。新人の時は情報が少なく、相手もノーマークだから勝てました。しかしマークされ、研究されて丸裸にされ、そのうえでなお、相手を凌駕《りょうが》できるか。

武器が1つしかなければ、すぐ対応されるようになります。プロの世界で通用するくらいの武器が2つ3つとあって、初めて勝負の舞台に立ち続ける権利を得ます。ただ立つのと、立ち続けるのとでは、まったく意味が違います。まして、勝ち続けるとなると生半可なことではありません。

いかに勝つかより、いかに負けないか

さらに、「勝たなければいけない」気持ちにとらわれることと、「負けない」と思うことは、全然ちがいます。

僕が「負けない」ピッチングをできるようになったのは、35歳を過ぎてからでした。

それは、相手のピッチャーがどんなにいいピッチングをしていても気にならない、自分は自分のピッチングをするだけという、達観した心境です。

自分が崩れなければいつかバッターが打ってくれるだろう。相手のピッチャーがコントロールミスをしてくれるかもしれない。そのときまで、ぶれない心で一球一球を丁寧に投げ込んでいく。一球が積み重なって、気がつけば100球になる。9回になる。お役御免《やくごめん》のタイミングになる。

そういう境地に立つと、周囲の記者さんから「今度勝ったら2桁勝利ですね!」と声をかけられても、言葉は悪いですが、「そんなことはどうでもいい」という気持ちになってきます。自分が勝てなくてもいい、チームが勝てばいいんだ、と思うようになるのです。

結局、チームが勝って初めて自分も評価されるのです。「自分は認められていない」「自分は正当に評価されていない」などと感じるのは〝我《が》〟であって、ピッチャーはチームを勝たせてナンボ。勝ったら誰のおかげかというと、ピッチャーでいえば、先発がゲームをつくったからであり、中継ぎが反撃ムードを断ち切ったからであり、抑えがきっちり締めたからだ、となる。

誰もが「勝とう」「目立とう」の精神でいると、チームはギスギスして一枚岩にならなくなります。損か得かで考え、みんな「俺が俺が」の集まりになれば、相手につけ込まれるスキが出てきます。

プロ野球選手を5年10年と続けるには、負けないことが重要なのです。ケガや不振、肉体的な衰えを乗り越えながら、「この選手はチームになくてはならない」と思われ続けなければなりません。

いかに武器を磨き続けることができるか

大事なのは「継続力」です。長く活躍する選手は、才能や実力もさることながら、何より苦しい練習を継続できる人です。

といっても、僕も偉そうなことは言えません。現役時代、とくに20代前半の僕は、苦しい練習を継続できる人とは正反対の選手でした。

当時、西武ライオンズのエースだった東尾《ひがしお》修《おさむ》さんからアドバイスをいただきました。

「いつまでもストレートとカーブで通用すると思うなよ」

お酒の席で、また、移動の車の隣の席で、ぼそっと……。

でも僕は、

「まだ2、3年は大丈夫ですよ」

なんて答えていました。プロの怖さを知らなかっただけでした。

実際に自分のボールが通用しなくなる前に鍛錬を積んだり、新しい武器を身につけたりしておくべきところを、お酒を飲み過ぎて内臓を壊してしまうありさま。プロ入りしてすぐ、広岡監督のもと、鍛錬を積んだ心身の貯金があったから現役でいられましたが、その貯金も20代後半になる頃にはほとんど尽きていました。

東尾さんの言葉が、僕の胸に突き刺さってきました。後悔しても遅い。エースである先輩が、未来ある若手選手だった僕に伝えたかったのは、「プロの世界は甘くない。いまの武器が通用しているうちに、新たな武器を準備しておけ。さもないと痛い目に遭《あ》うぞ」ということだったのでしょう。

それぞれが個人事業主であるプロ野球選手ですから、たとえ年長者と年少者の関係といえども強制はできません。本人が気づくか気づかないか、やるかやらないかです。僕はぎりぎりなんとか、完全に手遅れになる手前でハッと気づき、継続することと、武器を磨くことの大切さを、文字通り身をもって知り、生き方を変えることができました。

オフはオフじゃない

選手たちは、毎年チームメンバーが変わることがわかっていても、どこか他人事《ひとごと》です。

2018年の秋季に、戦力外通告を受けた3人の若い選手が「お世話になりました」と挨拶にきました。

残った選手たちに言いました。

「これは毎年必ず起こることなんだぞ。だから、その現実を踏まえて、いま自分が何をしなければいけないか、今後どうしなければいけないか、考えてやらなければならないぞ」

毎日の練習を「ああ、今日も練習か……」と思ってやっても意味はない。一年でも一日でも長くやりたいのなら、しっかり自分を振り返ってほしい。だから、こう続けました。

「この秋季練習も頑張れ。練習が終わったから帰るのではなくて、コーチを捕まえて『自分はこうなりたいんだ』という話をして、うまくなるためにコーチを使いなさい」

秋季練習が終わる時にも強く言いました。

「オフはオフじゃない」

コーチも選手に同じように話をしています。毎年課題を与えて、「おまえには体幹が足りないから、そのトレーニングをしっかりやっていきなさい」と指導します。

そして、毎年毎年、課題のレベルは上がっていきます。たとえば12分間走であれば、最初は2700メートルだったのが2750メートルになり、2800メートルになり、2850メートルになり……と目標を上方修正していきます。

きっかけをつくる

監督に就任して、新たな試みに着手しました。戦術やトレーニングではなく、コンディションを注視して見るようにしたのです。

人間は体調が上がってくる日もあれば、落ちてくる日もあります。落ちた日には1日休むことを推奨するだけでなく、どうしても回復しなければ2日休んでもいい。科学的なデータを蓄積しておくことで、良い時と悪い時の違いがはっきりわかるようになります。

コンディションをどのように保てば、それぞれの選手がどの程度の成績を出せるか、ということも見えてきます。何年も積み重ねていくと、シーズンオフや自主トレーニングの時、自分自身の何を意識し、どうすれば良いかがわかってくるようになります。

プロになるほどの人間、特にホークスにいる選手たちに高い能力があることは間違いありません。

ただ、本人も自分の本当の能力や活かし方をわかっていないことがあります。その引き出し方、見つけ方を伝えたい。どうやったら伸びていくのか。何か一つだけでも伸びたことが実感できると、選手のモチベーションは必ず上がります。球速が上がった、新しい球種がストライクゾーンに入るようになった——この経験の積み重ねが選手を大きくしていきます。

そんな成長のポイントを見つけられず、シーズンオフの過ごし方を選手自身が迷っている様子なら、監督やコーチで相談して見つけてあげるようにします。

監督である僕の一番大事な仕事というのは、「きっかけづくり」だと思っています。約90人の選手全員へのメッセージは、まさに「きっかけづくり」の一つです。

一人ひとりにメッセージを書く

2018年の秋季キャンプ終了後、自宅で愛用のiPad Proを使って、一軍から育成の選手まで約90人の選手たち一人ひとりにオフの課題を書きました。ピッチャーから始めて、キャッチャー、野手と順番に書き進め、コーチにも内容を確認してもらい、11月末までに90人全員分を書きました。

選手の指導は直接担当している二軍、三軍監督やコーチがいるので、僕があれこれ細かく言い過ぎるのはよくありません。一軍の監督の立場で、大きな方向性であるとか課題を指摘し、背中を押すようなメッセージを考えています。

選手は監督からのダイレクトメッセージとして、球団から支給されるタブレット端末やスマホで、チームのアプリを使って受け取ります。

90人の選手にメッセージを書くことができるのは、日々選手を見るように心掛けているからです。みんなをなんとか成長させたいと個別の課題を書いていると、選手全員の顔と動きがパッと浮かびます。僕はほかのことはすぐに忘れてしまうのですが、野球については記憶力があるようです。

トレーニングコーチに「一人で一度に見られるのは何人までですか」と聞いたこと

があります。5人か6人が限界だと言われました。トレーニングコーチほど細かく見ていないからですが、一人ひとりの動きや試合や練習での態度、普段の様子を見て、その選手の特徴であるとか、何が弱点か、何がうまくいってないのかといったことをなるべく頭に入れるようにしています。見る機会は限られるので、その時その時にしっかり目に焼きつけておくことを意識します。

二軍担当コーチと一緒に秋季キャンプを見ました。

ある選手で、最初に気づいたのは肩の弱さです。ある選手は、スイングスピードはものすごく速いのに、打球が全然飛びません。力がボールにしっかり伝わらず、投球に負けてしまっていると見てとれました。ある選手は、体が大きくバットが短く見えるくらいですが、単調なスイングしかできていないとわかりました。

それぞれの選手の動きや能力などの特徴を二軍担当コーチと話しながら、ピッチングからバッティング、守備と全部見てまわります。議論を交わしながら選手の情報を頭に叩き込みます。有望なのにもうひとつ評価されないのは、「意外とサボりぐせがあるため」などの性格面もコーチと共有しています。

「伝わる」ための準備をする

僕はピッチャーだったので、現役時代は、打席に立つ選手の動きや、ネクストバッターズサークルにいる選手のスイングを見て、その日の調子を読んだりしていました。だから頭の構造が、イメージで選手の特長や動きをパッと記憶するようになっているのかもしれません。

どう評価して、どのように仕上げたらいいか、選手一人ひとりに聞かれたとしても、ちゃんと答えられるようにしたい。それで選手がよくなってくれるのが何より楽しいです。

そして、「教えたい」という気持ち以上に、「学びたい」という気持ちが自分の中に強くあります。

「なんで?」と思う素朴な疑問の答えを知りたい。知らないことがあると、「どうして、こうなるのか」「それはなぜなのか」と疑問が生まれます。そんな疑問を科学的、論理的に解消したい。そうでないと問題や課題を解決する方法がわからないからです。

仮に、「あなたが150キロで投げるために、どんなトレーニングをしますか」と問われ、Aというトレーニングと、Bという練習を半年続けた結果、150キロを投げられるようになったら、そこに「答え」はあります。

しかし、僕にとってそれはあくまで結果論です。「プロセス」がわかっていないと再現性がありません。

プロセスを理解するためには、まず、僕自身がもっともっと野球を学んで、自分の言葉で「こうすればいいよ」と伝えたい。

トレーニングの専門家や医師などの知恵や知識を十分に生かすためには、彼らと同じレベルで話ができるようになることが必要です。

筋肉の専門的な話や、ボールの動きを示す動態力学の話は難しいと思うかもしれませんが、意外にそんなことはありません。小学生で「てこの原理」を習いますが、その感覚です。

ただ、数字に置き換えるとわかりにくくなる。誰もがわかるくらいの平易な説明をできるようになれるのが理想です。

そして、僕が自分の経験で話しているだけでなく、「根拠になる研究がある」と言えば、「研究があるということは専門的にも正しいことなんだ」と相手に伝わるでしょう。

「伝わる」ということが、まず大事です。

たとえば選手が興味を示し、「資料を見せてほしいです」と言ってきたら、見せられるように準備します。聞かれた時に答えられる準備だけはしておかなければいけないので、そこはちゃんとやりたいのです。

選手の未来を見たい！

選手たちはタブレット端末やスマホを球団から支給されています。そのタブレット端末は、提携するIT企業と開発したデータ検索アプリを使って、ボールの動きを三次元的にトラッキング（追跡）する弾道測定器の「トラックマン」や、プレー映像、配球や球種の傾向などさまざまなデータベースにアクセスし、確認することができるようになっています。

ホークスでは、12球団すべての選手の映像が、過去数年分にわたってデータベース化されています。検索すれば、いつでも自分の欲しい映像を取り出すことができます。対戦相手を知ることはもちろん、相手との対戦で自分はどうだったのかを知ることができます。

自分を知るためにデータは有効です。トラックマンで解析したデータを重ね合わせ、映像とリンクさせて、1球ごとにボールの回転数やリリースした位置を確認できます。

ピッチャーなら、いいフォームで投じたボールとそうでないボールとで、回転数や変化量がどう変わるか確認することができます。また、打たれた時、フォームのどこが悪かったのかを映像で確認し、「体が開いてひじが下がっていたな」と具体的にチェックポイントを見つけることもできます。

90人の選手一人ひとりに僕が書いた「オフの課題」も、このタブレットやスマホで確認し、映像や各種データも活用しながら、来シーズンに向けての体づくり、フォームづくりに役立ててほしいです。

90人の選手にメッセージを書きながら、一人ひとりの選手の顔や動きをイメージして、彼のここが良くなったらきっとガラッと変わるだろうと、未来を見つめて一人ワクワクしていました。オフに入って球団関連の業務がない時は、こういう作業をしている時間が一番落ち着きます。すっかり集中してしまい、ご飯を食べたいという気持ちも起こりません。自分という人間のいたらなさ、足りない部分についても忘れることができます。

僕は、選手一人ひとりが成長していくのを見るのが好きなのです。育成志向の強いタイプだと自分では思っています。

どんな変化も見逃さない

ソフトバンクホークスは一軍から三軍までそれぞれに、打撃、投手、守備走塁、バッテリー、トレーナー、トレーニングの各コーチがいて、担当分野をまたいで情報を共有し、選手の指導はその連携の中で進めます。従来、専門分化されていたところを効率化することで、その選手の変化を見逃さないようにしています。

たとえば、キャンプ中に、筋肉、骨、脂肪、水分などが体に占める量を高精度に測定する機器で、全選手の体組成を測定しています。シーズン中に体重が落ちることがあって、それが脂肪ではなく筋肉の減少だった場合、筋肉系トラブルによる故障リスクが高まっていると考えられます。より詳しくチェックし、必要性があるとわかれば対策を施します。

シーズンに入ってからは、トレーナーたちに選手の体の状態について逐一報告してもらいます。「大丈夫か?」と選手に聞けば、試合に出たい選手たちは「大丈夫」と答えます。とくにホークスの選手は、自分から「ここが痛い」なんて言ってくることは絶対にありません。チームの役に立てない自分を許せないのです。不調やケガでも、二軍に落とされるのを極度に嫌がります。

そんな選手が揃っているからなおのこと、「何かいつもと違うな」と気づいてあげるのが、首脳陣やトレーナーの役目だと思います。

故障防止の徹底に取り組んできた4年間でしたが、実際には、2016年も、2017年もケガ人の離脱は続き、そしてなんといっても、2018年は多くの故障者を出してしまいました。とりわけ、ピッチャーの主軸が次々に戦線を離脱してしまったことは痛恨の出来事でした。

完璧にはまだまだ遠く、やはり人間という複雑な「生き物」に相対していることの難しさを感じます。仕組みをつくったらOKということはなく、油断すればいつでも故障は起こりえます。今後いっそう故障防止、コンディションの維持を意識したメニューを考えていかなければなりません。

手遅れになる前に気づく

プロ野球の支配下登録選手の枠は70人、育成契約を入れても最大90人くらい。所属選手の数を考えれば、1割前後が毎年クビになる。かなりの比率です。

自由契約になった後は、トライアウト、独立リーグ、社会人野球に転身等々……かつてより野球を続ける方法は広がりましたが、心ならずも野球選手としてのキャリアを継続できなくなる選手が出ます。好きだった野球なのに、自分の意思でやめるのではなく、断ち切られるようにして突然キャリアが途絶えるのです。それがプロの世界のことわりとはいえ、本当にせつないです。

僕は、いまチームにいる選手には、かなうならば全員残って欲しいと願っています。それが無理な願望であると知りながら。

だから僕は、うるさがられようとかまわず言い続けます。厳しい要求をして、「あの野郎」と思われても、それが選手たちの反骨心を呼び覚まして頑張ることにつながるなら全然かまいません。10年後でも15年後でも、「あの時があるから長くやれた」と思ってもらえたら、それでいい。

すべての選手がチームを支えてくれる大事なメンバーです。コーチも、スタッフも、全員にもっと長く大好きな野球を続けてほしい。野球に関わる仕事を続けてもらいたい。そのために、プロフェッショナルとして必要な要求は断固していきます。

勘違いをさせない

たとえプロ野球選手として最年長世代の40歳まで現役を続けたとしても、実社会に出て会社に入っていたとしたら、やっと中堅の部類です。その後の人生のほうがはるかに長い。

「次」の人生をどう生きるかも考えなければなりません。

そのため、社会人として最低限必要なことを、現役の間に身につけて欲しいと思っています。

たとえば、きちんと挨拶ができること。その場にふさわしい、TPOをわきまえた服装ができること。こうしたことは当たり前のようですが、高校や大学を出てすぐプロ野球界に入ると、学ぶ機会がなく、なかなかスマートにはできないものです。

社会性を身につける機会もなく、また、結果を出す選手ほど厳しく生活指導してくれる人もいなくなります。現役の間は何も言われないかもしれません。でも社会の常識からは逸脱しています。その事実に、選手をやめてから気がつく人も多いのです。

僕も若い時は「野球で結果を出しときゃ、文句ないでしょう」と勘違いしていたことがありました。たしかに成績を上げている間はいいかもしれない。でもちょっと成績が落ちたとたんに、ちやほやしてくれていた人たちはまわりからいなくなり、「引退」の二文字がちらつき始めます。

ホークスの選手は若い人も多いのですが、練習に対する姿勢や普段の振る舞いなどがきちんとしています。どこに出しても恥ずかしくない。これはチームの誇れるところです。

プロになってはじめのうちは、練習するだけで精一杯かもしれません。でも、先輩選手たちを見習って、いい習慣が身につき、社会人として自然に振る舞うことができるようになれば、持っている集中力を100パーセント野球に注ぐことができる。結果、プレーにもいい影響を与える。チーム全体の成績も上向いてくるものです。

citi
KOITO
IBM Watson
AMANO

第4章 恩返し

「もう、これでいいかな」

王貞治福岡ソフトバンクホークス球団会長から、監督就任のお話をいただいたのは、現役引退から3年が経った、２０１４年の秋のことでした。当時の秋山幸二監督が辞任することになったためです。秋山前監督は西武ライオンズ時代のチームメートであり、ともにダイエーホークスに移籍して苦しい時代を過ごした仲間ですが、彼からのバトンを、しかもソフトバンクホークスの監督のバトンを受けることになるとは、想像もしていないことでした。

僕が現役引退を決めたのは、２０１１年のオフのことです。48歳でした。プロ30年目の節目となったこの年、3月11日に東日本大震災が起こりました。

僕は１９９４年から、毎年オフには野球教室を開き、小学生や中学生の子どもたちに、ケガせず、思いっきりプレーしてもらうための指導を行ってきました。その延長線上で、震災に見舞われた宮城県などを復興支援として訪れ、野球教室を開催しました。

こうした活動はいまも続けていて、２０１９年にも岩手県釜石《かまいし》市に行きました。熊《くま》本地震《もと》（2016年）で被害を受けた熊本県西原《にしはら》村や八代《やつしろ》市、九州北部豪雨（2017年）で被害を受けた福岡県朝倉《あさくら》市にも伺い、野球教室を行いました。少しでも現地の人のお役に立てればと活動を続けています。

2011年当時、僕は肩の状態がはかばかしくなく、1年ほどリハビリに費やしていました。現役を続けるつもりで調整を続け、オファーがあれば台湾でも韓国でも行くつもりでした。

6月くらいからだったでしょうか、宮城県石巻《いしのまき》市を皮切りに、福島県郡山《こおりやま》市など震災被害に遭《あ》った東北各地をめぐっていく過程で、僕の中である心境の変化が起こったのです。

訪問してみると、そこは被災した人の避難所の横だったりで、それまでやっていたようなたくさんの子どもたちを広げて野球教室ができる状況ではありません。そこで思い立って、「じゃあ、オレ、投げよう！」と言いました。

子どもたちを2つのチームに分けます。100人いるなら50人ずつの2チームです。3アウトなどのルールはなく、まず50人を並べて順番に打たせて、残りの50人は守備。僕が両方のチーム全員に投げて、「どっちのチームが多く点を取るか、勝負な！」なんて言いながら打たせました。毎回200球や300球くらい投げていたと思います。

最初は静かに見守っている親御さんたちも、だんだん「まわれ、まわれ！」と大きな声を出し始めます。野球教室が終わった後には、被災時の様子や肉親を失くされた話などを聞かせてもらいました。つらい経験をしながらも、街を復興させなければいけないという、みなさんの強い決意を感じる日々でした。

野球をやりたいなんて言ってる場合じゃないな、と思いました。リハビリして、来年どこかに挑戦しようなんて考えている場合じゃない。いまここでやれることをやり尽くさなければ、オレはダメなやつだなと。

そうやって、各地で打撃投手を務めていました。中学生を相手にした時は、手加減して投じたボールに「球、遅いっすね」なんて言われて、「ああそう、わかった」と、びゅんびゅん本気を出す。子どもたちには言いませんでしたが、そうやって被災地でボールを投げるたびに肩が壊れて……。帰りにコンビニに寄って氷を買って肩にグルグル巻きにしました。

そんなふうにして、郡山市から帰る新幹線の駅のホームにいた時のことです。

「ああ、もう、これでいいかな」

そんな言葉が僕の脳裏に浮かびました。

現役を続けていたのは、自分の肉体を使って〝実験〟をしていたのと同時に、「やめる理由」がなかったから。でも、子どもたちの笑顔を見て、

「自分が野球をやりたいという想いより、この子たちに野球をやりたいという想いが伝わっていくならば、彼らが頑張ってくれるなら、まあ、自分の野球人生はもうこれで終わろう」

そんな心境になったのです。こだわりも何も無くなりました。子どもたちにとにかく夢とか希望とか、「よし、もっと野球を頑張ろう」という前向きな気持ちを持ってもらえることのほうが、僕が現役を続けるよりよほど価値がある、そう思ったのです。

その後も、東京などで野球教室を行った際は、「使い古しでもいいので」と道具の寄附を募って、道具を失くした被災地の子どもたちに届ける活動を続けました。

いまも、あの時の気持ちを正確に言葉で表現するのは難しいですが、こうして僕は選手生活に別れを告げました。

恩返しがしたい！

もともと少年たちの育成に強い関心があった僕は、現役引退後、ケガの予防ができるようなトレーニングを広めるなどの活動をしたいと考えていました。とくに、「野球ひじ」をなくしたい。いま、小中学生に、ボールの投げすぎによる故障の「野球ひじ」が非常に多いのです。手遅れになる前に何をすればいいのかを研究し、自分の経験と知識を生かして野球界に恩返しがしたいと考えていました。

将来的にはそのための施設をつくって運営したい、という夢は変わらずにあります。

夢につながるステップの一つとして、運動生理学を勉強して、専門家とも同じ言葉で話ができるように、感覚ではなく理論を基に指導ができるようになることを目標にしていました。その総仕上げのような位置づけで、2014年の春に筑波大学大学院に入学。2015年からは専門医の方々とチームを組んで、実際に全国の少年野球チームを巡回する計画を立てていました。

そんなタイミングでの、ホークスの監督就任要請でした。オファーをいただいた時は一瞬ためらいました。しかし、依頼してくださったのは王会長です。「これは男として断ってはいけない」と思い、決断しました。

王会長は僕にとって「師」と仰げる方です。この人のためなら……と本気で思える方。

いざ監督を引き受けて、最初の年のキャンプイン直前の1月の終わり、福岡市内の神社へ必勝祈願に訪れた時のことです。

雨の降るなか、何千人ものファンの方々に出迎えていただき、「おかえり！」という声があちこちから聞こえました。僕が福岡でプレーしたのは1995年からの5年間だけです。でも、福岡の人たちが僕を忘れないでいてくれた。ホークスとのつながりというものに胸が熱くなりました。

コーチ経験のない新人監督が前年に日本一に輝いたチームの指揮をとったことは、これまで一度しかないそうです。強いチームをまかされることに不安がなかったといえば嘘になります。

でもそれ以上に、王会長と福岡のみなさんに恩返しをしたい、という気持ちが上回りました。

現役時代、福岡で過ごした5年間は自分の中で最も苦しい時期でしたし、それだけに成長させてもらったことも多いと思っています。その恩返しをいつかしなければ……と考えていました。球団の中でもいろいろ議論があったと思いますが、いまこのタイミングで僕に監督を託してくださった。秋山前監督の急な退任で困っている時だからこそ、自分がやっとあの時の恩を返せる。そう思ったのです。

いろいろなチームに所属し、名将、良いコーチ、優れたトレーナーのみなさんに教えられてきました。これらの蓄積と、秋山前監督時代のコーチ陣のうち残ることが決まっていた方には全員そのまま残ってもらったので、彼らの助けを得られればなんとかなるはず、とポジティブにとらえました。

個人的には、監督就任前の3年間の経験も大きかったと思います。大きなニュース番組のスポーツコーナーで、初めて出会う野球界とは異なる立場の人たちとチームを組んで番組をつくる経験が、マネジメントやチームワークを学ぶ機会になりました。

プロ野球選手は個人事業主ですから、個人がベース。野球チームとしてのチームワークに対する意識はあっても、会社員のようにみんなで一緒に働く、業務で役割分担をするといった感覚は案外なかったりするのです。また管理職の立場にある人たちの仕事ぶりは、組織運営という観点で参考になることばかりでした。

ダイエーホークスと王監督

自分がこの立場になって、振り返って「監督」としてすぐ脳裏に浮かぶのは、福岡ダイエーホークス時代の王監督の姿です。ふとした時に、その立ち居振る舞いや姿勢を思い出します。

王球団会長との関係はすこし特別です。

僕が選手としてダイエーホークスにやってきた1995年は、王会長の監督就任1年目のシーズンでした。当時ホークスは万年Bクラス。翌1996年6月には、怒ったファンから生卵をバスにぶつけられたこともありました。あの王さんにこんな屈辱を味わわせてしまうなんて、選手として申し訳なくてしかたありませんでした。

その当時のことを王会長にたずねると、「そういう人こそ、毎試合チケットを買って球場に足を運んでくれる本物のファンだから腹が立つんだ」と話します。

監督だった王会長は、ひと言の愚痴さえ口にすることなく、勝利のために自分のすべてを捧げていました。勝つために必要なことは何か、どんな努力が求められるのか、試合に臨む態度、練習への姿勢はどうあるべきか、野球人として必要なすべてを教わりました。

常勝軍団だったかつての西武ライオンズは、職人のような選手の集まりで、何も言わずとも自分で考え、行動し、選手間もツーカーで意思疎通ができる、独立独歩のプロフェッショナルの集団でした。

それに対し、当時の福岡ダイエーホークスは、若く才能に溢れる選手たちが、学び、自らを鍛え、チームとして強くなっていく途上にありました。苦しい時間が長く続きましたが、腐らず鍛錬をしっかり重ねたからこそ、常勝時代の西武に引けを取らない、和の力で勝つ強い球団に育ったのです。

ひとえに、王会長の人柄によるところが大きかったと思います。みんなが「王さんのために」と一つになりました。

そして1999年、秋山幸二さんが主将となり、若手だった小久保裕紀《こくぼひろき》さん、井口《いぐち》資仁《ただひと》さん、松中信彦《まつなかのぶひこ》さん、城島健司《じょうじまけんじ》さんらが活躍してリーグ初優勝を遂げることができました。僕も最優秀防御率のタイトルを獲得することができました。

大きな存在に見守られる強さ

いま王会長からは、シーズン中も全面的な支援をいただいています。会話のほとんどはチームの状況について。情報はたくさん入っていると思いますが、それでも、いつも「おまえの好きなようにやれ」と言っていただいています。

ある選手の調子が落ちてくれば、どんなアドバイスをすればいいかと相談することもあります。技術的なことですまない場合は、

「そうだな。じゃあ、明日にでも俺が行って話をしてみよう」

そう言って、実際にグラウンドに足を運び、直接選手の背中を押してもらえます。

2018年シーズンもそうです。開幕早々から、レギュラークラスに故障者が相次ぎました。

そんな状況下、王会長は積極的にファームの様子を見に足を運びます。僕の野球人生の中で、球団会長がそんなことをするなんて聞いたことがありません。

4月下旬のヤフオクドームでの試合前には一軍の本拠地から車で1時間以上かかる福岡県筑後《ちくご》市のファーム施設を訪れ、その足でヤフオクドームへ戻って両方の試合を視察。その数日前も、ファーム施設に2日連続で足を運んでいて、1週間で三度も訪問したと聞きました。

ファーム施設を視察後、王会長は、

「若い選手が順調に伸びているかをチェックにね。三軍の練習も見たけど良かったよ」

とコメントし、マスコミには多くを語らなかったそうです。でも、故障者が多い状況を心配しての行動であったことは間違いありません。一軍の苦境は二軍の選手たちもわかっていました。そういう状況下で、78歳になる王会長が自ら視察に訪れ、「頑張れよ」「いいよ、その調子だ」と背中を押してくれたとなれば、「よし、呼ばれたらやってやる！」と選手たちが意気に感じないはずがありません。

王会長がそこに居るだけで、僕たちも不安や迷いがなくなります。これがホークスの強さです。

僕は王会長に「やってくれ」と言われて、ここに来た人間です。できていないかもしれませんが、何があっても王会長だけは裏切ってはいけない、王会長だけは失望させてはいけない、その思いはすごく強いです。

2018年は、チームは勝ったり負けたりという状態が続きました。それでも王会長は、「強くなるぞ、強くなるからな」と、ずっと励ましてくれました。

日本一を決めた2018年11月3日深夜に、広島市内のホテルで開かれた祝勝会で

は、

「どんな形になっても負けない強さを感じました。長くこの世界にいるけど、君たちが歴史の中でも一番強いと思います」

そう言っていただきました。

自分のいたらなさばかりを見つめていた僕は、この言葉に救われました。

と同時に、リーグ優勝を逃したという悔しさがまた蘇《よみがえ》ってきました。2019年は必ずやリーグ優勝と日本一を成し遂げなければなりません。

育成マニュアルをつくる

2015年の監督就任にあたり、トレーニングマニュアルのようなものをつくっていこうという考えは当初から頭の中にありました。でも、なかなかすぐには実現できません。

選手を知らないでマニュアルをつくっても意味はないですし、選手がどう受けとめるかという問題もあります。

実際に選手たちを見てみると、野球教室で少年野球の子どもたちに教えるのとはまったく別の難しさがあり、それぞれが大人で、自分の考えがあって、野球観があって、人間関係がある。自分のイメージを押しつけてはうまくいかない。そんな感触が自分の中にありました。

プロ野球界では、監督が代わればどこのチームも新しい監督の方針、やり方、野球観、采配になります。それは当然あるのですが、いままでやってきた監督さんたちが選手に教えてきた野球を全部変えなければいけないのかというと、そこまでの必要はないはずです。監督が代わるたびにまったく野球が変わることになっては、チームの継続性も何もなくなって、選手は混乱するだけです。

そこで、コーチやトレーナーたちとも協力し合い、選手個人をデータで解析し、本人とも情報を共有しつつ、マニュアルの作成を進めてきました。各種情報は、最初は紙でしたが、現在はタブレット端末で見られるようになり、新しい情報が随時更新、共有できています。

3年かけてピッチャーの育成マニュアルはできつつあります。現在はキャッチャーのマニュアルづくりに取り組んでいます。野手のマニュアルも遠からず整え、すべて完成した暁《あかつき》には、ホークスの育成マニュアルのベースとして、その後も進化を続けながら残っていくものになってほしいです。

実はメジャーでは、球団ごとにマニュアルを持っているのが当たり前になっています。

選手の動きから、投げるボール、バットスイングまで、すべてをデータで解析する手法がアメリカから持ち込まれ、ここ数年で日本のプロ野球界も大きく変わりつつあります。監督やコーチ、トレーナーの属人的な方法論でバラバラな指導がなされるのではなく、球団ごとの個性・特長に基づいた、球団ごとのマニュアルとして、指導者が変わってもブレることのない一貫した指導が受けられるようになりつつあるのです。

2018年のシーズンは、チーム運営にうまくいかないところがありましたが、プレーやトレーニングの面では、自分たちが考えてやってきたこと、やろうとしていること自体が悪かったとは思いません。だから、今後も着実に進めていきます。

そのうえで毎年、足りないものに気づいて、プラスαを積み重ねていって、最終的にホークスのマニュアルになってくれればいい。当然、必要のない要素も出てくるでしょう。つけ加えたり、削ったりしながら、さらに進化させる。それが一番いいのかなと思います。

テクノロジーを活用する

ホークスでは2009年にiPhone、2011年にiPadを首脳陣や選手全員に支給し、他球団を含めた過去の試合映像をはじめ、トレーナーの報告もアプリで管理し、チームを支援するツールにする試みを徐々に進めていました。

2016年には、本拠地やファーム施設に最新鋭のデータ分析機器である高性能弾道測定器「トラックマン」が導入されました。

さらには、2018年シーズンからヤフオクドームやファーム球場に守備や走塁を含めたトラッキングシステムを導入しました。トラックマンは多くの球団が導入済みですが、高性能カメラを使って選手の動きまでとらえるシステムを活用しているのは、国内ではいまのところホークスだけです。

ここ3年で必要なツールは一通り揃いました。あとはどう活用するか。

トラックマンの採用で、ピッチャーの投げるボールの球速だけでなく、回転数、回転軸や変化量、飛距離などを計測できるようになりました。

いままで「キレ」や「伸び」など、抽象的に表現されてきたものが、数字になってはっきりわかる。これは劇的な変化をもたらしました。「スピンの効いたボール」という言い方はこれまでもありましたが、その投球のスピン数を「毎分何回転」と数値化できるようになったのです。

メジャーでは、ストレートの平均値が2100回転とされていて、これを超えると「キレがいい」と考えられます。

ホークスの千賀君は、調子がいいと2500回転を超えることがあります。日本にいながら、メジャーのトップ級と比較することができるようになりました。

また、フォームのチェックも可能です。ボールの回転数だけでなく、投球の「角度」も、各ピッチャーのリリースポイントとボールの軌道などの数値からはじき出すことができます。

どんなフォームで投げれば自分の感覚と実際のボールの軌道を一致させられるか、映像を繰り返しチェックすることで、感覚頼みの練習から脱却できるようになりました。

見える「共通言語」

こうした分析はチーム編成の面でも有益です。選手の特徴を数値で把握しやすくなり、選手構成を見ながら、一芸に秀でた選手やチームに足りない能力を持った選手を見出すことができるようになります。

実際の試合では、作戦や戦略に生かせます。「今日の相手ピッチャーはストレートの回転数が多くて、うちはフライを上げやすい傾向にある。しっかり上からたたいて逆方向に速いゴロを打っていこう」など、より具体的な指示を出すことも可能です。

そしてなにより、その選手自身の「変化」にいち早く気づくことができます。ピッチャーはボールの回転数の変化、回転軸の乱れなどで、疲労度や故障の予兆をすぐ把握できます。映像によってリリースポイントのわずかな変化に気づけば、肩ひじの故障を回避することもできるようになります。

本拠地ヤフオクドームには十数台のカメラが設置され、試合後1時間で、横からの打席映像や走者の視点で、投手の牽制の映像を場所や時間を問わず確認できます。蓄積された映像データから、日付や対戦投手で絞り込み検索も可能です。また、いくつかの映像を重ねてフォームをチェックできる機能も付けたので、選手らが移動中にｉＰａｄを手に予習や復習をすることも簡単にできます。

これまでは、感覚をもとにトレーニングをしてきたのが野球界です。

しかし、感覚と実際とではどうしてもズレが生じていました。データ、映像という目に見える形で示される「共通言語」を持ったことで、選手は感覚に加え、実際の体の動きとボールの動きの両方を知って考えることができます。コーチは選手の動きを見て感じとった要素に、データを重ね合わせて客観性や説得力を持たせ、選手とビジョンを共有しながら話をすることができるようになったのです。

ＩＴプラス知恵と疑いの目を持つ

データはあくまでプレーする選手を補完するものであって、それがすべてではありません。

しかし、高い技術を持つ選手が、示された数字をもとに対策をすることで、より効率よく、納得しながら練習に臨むことができます。

現在は他球団もＩＴ導入に積極的ですから、機器を持つ球団はこれからも増えるでしょう。大切なのは「運用」。集まったデータや画像をどう分析し、実際の練習や指導に役立てるか――監督やコーチ、トレーナー、スコアラーの手腕が問われます。

たとえば試合に向けて、投手コーチおよびバッテリーコーチが、相手打者のヒットゾーンなどのデータを手元の資料で確認します。その日はデータ通りの攻めでいくべきか、好調時と不調時どちらのデータを参照するべきかを判断する。相手のアプローチにこれまでにない気配を感じたら、以前とどこが違うのか見極めなければなりません。データ、データ分析、人間の目、これらを重ね合わせて「正しい戦略」を導き出していきます。

そして、ピッチャーに「低めに投げろ」と指示をする際は、具体的にどんな「低め」で、そして、絶対にやってはいけないことは何かをアドバイスしていきます。データを活用する際に、得てして起こりがちなのが、スコアラーとチーム側のディスコミュニケーションです。

僕はスコアラーの、シンプルに映像を見ているからこそわかる視点を生かしたいと思っています。野球のセオリーにとらわれない意見を聞きたい。セオリーではバントの場面でも、相手投手の球種の傾向で、バスターを試したほうが成功率が上がるといった話も出るからです。

意見をそのまま取り入れるかはともかく、スコアラーの考えを聞くことで視野が広がり、戦略に生かせる。チームにとってプラスになるし、スコアラーのモチベーションや、チームホークスとしての一体感にもつながると考えています。

言葉で言うと簡単なのですが、「最新データと現場感覚を融合した、伝わるデータ」。これを絶えず模索し続けなければなりません。


プロ野球では、試合前に全体ミーティングを行い、チームとして攻略法などを練るのが通例です。ホークスでは、それに加えて、スコアラーが選手個別に積極的にデータを用いたアドバイスを行うようにしています。

たとえば、あるピッチャーの全体的な傾向と投球スタイルがあるとします。しかし細かく見ていけば、たとえば、対柳田君用の投げ方も見られます。そのピッチャーの傾向と、個々のバッターへの投げ方が掛け合わされて配球が決まります。

従来はバラバラに見ていたそうした情報を、データベース等を構築したり、スコアラーやコーチ等としっかり情報共有することによって、ホークスはどんな状況にもいち早く対応できるようにしています。他チームも多かれ少なかれやっていると思いますが、一軍から三軍まで情報を共有できるシステムの構築をしているチームは少ないはずです。

セオリーは勝つための最善ではない

僕は、常識やセオリーにとらわれないタイプだと自分では思っています。「勝利の方程式」などとよく言われますが、そういうものは〝まったく〟信じてないです。

たとえば、先発が6~7回をしっかり投げ、リリーフが後を締めるという態勢が整えられたらどれだけ楽か。そうなれば、僕は投手陣の舵取りをピッチングコーチにすべてまかせることができ、何もしなくてもいい。

これを「勝利の方程式」と呼ぶ人もいますが、僕には「監督が楽するための方程式」だと思えます。先発が7回まで投げたら、はい、8回はこの人、9回はこの人。それで負けたらしょうがない……?　現実には、その一試合の継投策を必死に考えているわけです。

たとえば、一般的に右ピッチャーには左バッターが有利とされたりしますが、自分自身のピッチャーとしての経験から「本当にそうか?」と考えます。左ピッチャーである僕にとってやりにくい左バッターもいました。データをよく見れば、右ピッチャーを苦手にしている左バッターだっているはず。逆に右ピッチャーに強い右バッターもいるはずです。

一つのプレイの一側面だけ見るのではなく、いくつもの面からスポットライトを当てることで、ものごとを立体的に見たいと考えているのです。

これは、僕がピッチャーだったからかもしれません。

たとえば、ストライクゾーンは一般的に9つのマスに割って考えることが多いと思います。テレビの画面にマス目が描かれ、どのコースにどんな球種が投じられたかを映し出すでしょう。

でも、あれは間違いです。ストライクゾーンは平らな面ではありません。五角形のホームベースには、ピッチャー寄りの手前の平らな面から、キャッチャー寄りの尖った先端まであります。実際には、ピッチャーに側面を向けた五角柱の立体なのです。

内角のボールゾーンからストライクゾーンに入ってくる「フロントドア」、外角のボールゾーンからストライクゾーンに入ってくる「バックドア」は有名になりましたが、9つに分割して終わるのではなく、その奥行きまでも使って、ボールの出し入れをしていく。それがプロのピッチャーです。

セオリーといわれているものに本当に根拠があるのか。このピッチャー、このバッター、このシチュエーションにおいて、そのセオリーは本当に当てはまるのか。さまざまな視点でとらえ直すと、どこかしら疑わざるを得ない点が浮かんできます。

では本当はどうなのかと、「考える」ことが大事です。

長い監督の一日

僕は現役時代、誰よりも早く球場に入ることを心がけていました。選手としては、準備、トレーニング、試合、クールダウンと、比較的長く時間をかけるほうだったと思います。監督の様子も見てきましたから、大体の動きは想像できるつもりでいましたが、見るとやるとでは大違い。監督の一日はとにかく長いです。

選手たちの様子を見るため、スタジアムにはできるだけ早く行きます。デーゲームなら朝5時に起きて、6時に家を出て、6時30分には球場入りしていいます。余裕があればランニングやトレーニングをして汗を流すこともあります。

ナイター翌日なら、10時に起きて、10時半には家を出ます。ナイターの日のアーリーワークは12時45分くらいから。選手のことは気になりますが、あれこれ聞いてプレッシャーを与えることのないように、自分が選手のサイクルに合わせるようにしています。選手が練習している時に、僕も一緒に自分のトレーニングをするようにしているのです。僕は僕で一生懸命やります。でも、同じ場にいて一緒にトレーニングしていれば、声とか動きとか、横目で見るだけでも選手の状態はよくわかります。

やがて、ミーティング、室内練習が始まります。そのうち、バッターの選手たちが打撃練習を開始します。始まったら、その様子を見に行きます。必要なら声をかけます。バッターだけでなく、ピッチャーも、毎日見ていれば変化に気づきます。良い変化も、悪い変化も。そうやって見続けることが大事だと思っているので、コーチにも「見る」ということを大事にしてもらっています。

「練習しろ」とは言わない

「見る」ということに関して、思い出すのは西武ライオンズ時代の広岡監督です。当時は2月のキャンプイン前の1月、全選手がチームから強制的に招集をかけられる合同自主トレが行われていました。そのため、1月10日前後から実質的なキャンプ開始。

ところが1月4日の新聞を見て驚きました。1月3日にコーチも誰もいないところで広岡監督が一人、寮を見に来て、「寮生が帰ってきていない。どういうことだ。やる気のないやつはやらなくていいんだ！」と怒っていると書いてある。その記事を見た親父に「おまえ、帰らなくていいのか？」と言われ、僕はすごすごと寮に帰りました。実家から新幹線に乗り、東京駅から丸ノ内線で池袋駅、池袋駅から西武池袋線で西武球場前駅と乗り継いで……。

駅に着くと、「見たか、見たか」といった雰囲気で5〜6人が集まっています。みんなで走って階段をのぼり、寮に着きました。そこに広岡監督が仁王立ちしている。

「あけましておめでとうございます！」

あわててユニホームに着替えて、ランニング、キャッチボールと練習です。その様子を見届けて、広岡監督は愛車のＢＭＷで帰っていきました。

１月４日にきているのだから、５日もやってきます、６日もきます、７日もきます。一日も休まなかったのではないかと思います。

でも、「練習しろ」とはひと言も言われませんでした。ただ見ているだけ。選手に悟らせて、選手が自分で動いて、選手が良くなっていくとはこういうことなのかな、と思ったものです。「見る」ということの大切さを知った、僕の原体験です。気がつけば、広岡監督と同じようなことを僕もしているようです。

目指すチームの姿

僕が理想とするのは、監督が指揮をとらなくても選手がみんなで考え、イメージを共有し、自主的に判断でき、勝手に動いてくれるチームです。たとえば、守備位置もコーチが指示をするのではなく、選手自身で試合の流れを察知し、状況判断をして適切に変えられる。そんな姿が目標です。

野球は点を取り合うゲームです。3割打ったら大打者ですが、それでも10回のうち7回は打てない。そうなると、打てない時にどうするか、つまり、守る時に不要な失点をどう減らすかが重要になってきます。「その1点」で左右されるのが野球というゲームであると知っている選手が何人いるか。

例えば1アウト1塁で長打が出たとき、ホームでアウトにできるのか、1点計上してもバッターランナーを3塁でアウトにするのか、一瞬の判断を選手がします。

外野手は球を追っていくからランナーの動きが見えないし、内野手もちらっとしか見えない。そういうなかで的確にアウトにするものをアウトにする。内野と外野が同時に理解していないと中継プレーはおこなわれないわけです。

2018年の広島カープとの日本シリーズ第4戦、初回1アウトで足のある菊池《きくち》（涼介《りょうすけ》）選手が1塁にいて、バッターが右中間に深くヒットを放った。レフト柳田君がワンバウンドで取って振りむきざまに投げ、中継のセカンド明石《あかし》（健志《けんじ》）君がすぐさまホームに投げ、キャッチャー甲斐君がタッチアウトにしたプレーがありました。

内外野の選手が試合の流れ、相手選手の走力を理解していて、ランナーの様子を見ていなくても頭で映像が浮かんでいる。それぞれ0・5秒で的確にバックホームだと判断したからできたプレーです。0・3秒の一瞬でも躊躇《ちゅうちょ》していたらセーフになっていました。

このプレーのように、チームとしての一体感を大切にしつつ、選手たちが自信を持って判断し、行動できるようになってほしい。

試合でのプレーにとどまらず、普段から自ら判断し行動している選手であれば、引退した後の仕事にも困らないはずです。指導者の声だってかかるかもしれません。仕事として野球に関わり続けることができるようになるのです。

「それだと、監督は何もしていないじゃないか」

と批判を受けるかもしれません。

でも、それで勝てるチームなら、究極的には間違いないのではないでしょうか。監督にできるのは、作戦や方針を決めたり、きっかけを与えたりする。マネジメントという部分を除けば、実際にはグラウンドでプレーする選手によって勝敗が決するのです。

的確で最善の判断がしっかりプレーのなかでできる。

それが、僕が目指すホークスの姿です。

81

第5章 体づくりと動きづくり

選手自身を知る

野球では「心技体」という言葉が頻繁に出てきます。心はメンタル、技は技術力、体は体力（コンディション）のことです。僕は監督として、選手たちのこの3つの分野すべてに接することを心がけてきました。メンタル、技術力、体力と、個々の選手のすべてを知ることがすごく大事だと思っているからです。

そのため、コーチの報告を聞くこと、毎日の選手の様子を実際にこの目で見て、直に話をすることを大切にしてきました。

その選手の特性であったり、ケガの有無、緊張した場面で能力を出せるか否か、瞬間瞬間にどれだけ集中力を発揮できるか、そういった一人ひとりの特徴を知ることは重要です。足が速いから今日は足で使う、というやり方は僕はしません。足が速いバッターを代打で使う場合もあります。守備で使う場合もあります。

プロ野球選手であっても、メンタルが非常に弱いという選手もいます。ここぞという時に代打で使わないほうがいい選手や、ランナー（代走）から出して、それから守備につかせたうえで打席が回ってくるといい結果につながる選手もいます。

体力面やメンタル面を含めて、選手の特性を知る、選手自身を知るのです。

食べたもので体はできる

いまの若い人は科学的に根拠のあるトレーニングを積んで、昔の人より身体が大きくなっているようにも思います。

しかし現実には、30代前半で「体力の限界」という理由でやめていく選手が増えている。それ以前に、完投できないピッチャーが多くなっています。

それは、育った環境と、食べるものの影響です。

僕が大学院に入って最初に教わったのは、「食べたもので人の体はできる」ということでした。食べるものが悪かったら悪い体しかできない。それが栄養学の基本です。

添加物や農薬が含まれたものを摂っていれば、強い体はできません。見た目はデカくても、もろいのです。

現役時代は妻と二人三脚で自分の体を使って実験をしていました。食事の後に血液のPhを調べたり、どの食べものが自分の体にいいのか、疲れをとってくれるのかなどを学びました。

勉強して体にいいものを食べるようにする。では、食べただけで身につくかといえば、ちがいます。食べたら、それを体が消化して吸収しなければいけない。吸収するのによい食べ合わせもある。食べ合わせが悪いとおなかをくだすこともあります。それを知れば、何と何が食べ合わせとしていいかを考えるようになります。

胃腸に負担がかからず、効率よく吸収される食べものは何か。どういう食べ方が大事なのかがだんだんわかってきます。


40代で現役だった僕は、練習で体力を使った時などは少し油っこいものを食べましたが、そうでない時は、意識して油や砂糖を摂らないようにしていました。「腹八分目」を心がけて大食いを避けるのはもちろんのこと、シーズンオフに体を休めている期間は、内臓にも休息を取らせるため、あまり食べないように調整していました。人参ジュース、トマトジュース、青汁のフリーズドライパックなども活用して、内臓と肉体のコンディションを意識しました。

食生活の「基本」を学び、実践するようになったことで、会食で食べ過ぎて体重が増えることがあったとしても、すぐに修正して元に戻すことができるようになりました。

若い時は体をつくるための食事が必要です。年齢を重ねてからは、いい状態を維持するための食事へ切り替えていくことが必要になってきます。肉体を商売道具にしているからには、体を意識した食事をしなければならないというのが僕の考えです。

よい睡眠をとる

そして、体が吸収してくれるようになったら、あとはそのまま起きていれば筋肉がつくかといえば、それも違います。睡眠中に消化と吸収が進み、体がつくられるのです。

筋肉はトレーニング中にできていくものではなく、トレーニングをして、食べて、そして寝ている間にできていきます。運動以前より筋肉が強くなろうとする、いわゆる「超回復」をするのです。

よい食事と、超回復をする寝る時間がないと筋肉は大きくなりません。

だから、食べるものを大切に考えるのと同じくらい、「よい睡眠」をとることが大事になってきます。

僕も現役時代、食べるものと同じかそれ以上に睡眠を重視していましたが、いまの若い人たち、子どもたちの様子を見ていると、自分の意思でやるには限界があります。「体にいいものを食べることとよい睡眠を習慣づける時期」をあえてつくらなければいけないのかもしれない、と感じるようになりました。

体の大きい選手は出てきていますが、強靭な肉体を持った選手がなかなか出てきません。そういう人材をどうやってつくっていくかは、今後の球団の考え方で大きく変わってくると思います。

たとえば、現役を引退した元広島東洋カープの新井《あらい》貴浩《たかひろ》さんは、うまくなるために強い体を練習でいじめ抜いて、どこまでも鍛えて一流になっていきました。彼のような選手は、つくろうとしないと、この先なかなか出ないかもしれません。

社会で働く方たちにとっても体は資本。この機会に食事の仕方を見直してもらえたらと思います。食事や睡眠の重要性についてはもっと知られていいはずです。

一日3000回の腹筋

当然ながら、選手には体のことに興味をもってもらいたいです。さまざまな運動生理学を学んで、自らの才能を伸ばすのはもちろんのこと、ケガをしない体をつくってほしいのです。

鍛錬を怠《おこた》ってクビになる選手も大勢いますが、それ以上に、ケガをきっかけに充分なトレーニングや練習を積めなくなり、成績が落ちてしまってそれっきり、という選手が大勢います。実力の問題ならあきらめるしかありませんが、ケガで未来の可能性が奪われるほど悲しいことはありません。

僕は29歳の頃、右足のハムストリング（太もも裏の筋肉）の肉離れを起こしたことがありました。その時スポーツ医学の先生から、「これはもう鍛えるしかないね。工藤くんが40歳まで現役を続けるために、これから10年一生懸命トレーニングに励むというのなら真剣につき合いますよ」と言われました。

まだ痛みはありましたが、先生の指導通りにトレーニングを進めました。体を鍛えるにつれ、ハムストリングはどんどんよくなっていきました。しこりはだんだん小さくなり、力も入るようになっていきました。

その後、「腰も悪いでしょ、ＭＲＩを撮ったら？」と言われました。実はヘルニアがあって、腰にブロック注射を打ったことを見破られていました。あの痛みだけは、もう絶対に味わいたくありません。

「どうしたら痛みが出ないようになりますか」と聞くと、先生は涼しい顔で「腰はとにかく腹筋をやって鍛えるしかない。君に必要なのは一日3000回の腹筋だね」と答えます。

僕の口は開いたまま、二の句《にくつ》が継げずにいました。それでも先生は「やらないと、また出るよ」と、どこ吹く風。だからやりましたよ、3000回。

ハムストリングのトレーニングはやってみると痛かったけれども、先生は「大丈夫、大丈夫」と言うので信じてついていったら、どんどんよくなりました。そういう成功体験があったので、「腹筋もやりなさい」と言われた時に「やらなきゃいけない」と素直に受け入れたのです。

一日は24時間。6時間寝たとしても残り18時間あります。1時間に200回やれば3600回になります。そうだよな、やればできるな、と思いました。

その気になれば、腹筋はテレビを見ながらだってできます。もちろん、他の練習メニューもこなしながら。

人間に限界はない

それがきっかけで、練習スタイルや日常生活もあらためて見直しました。運動生理学の勉強を始めたのも、ちょうどそのころです。

先生からは走り方の指導も受けて、その結果、40歳を超えてからも足は速くなりました。ひと言で「走る」といっても、自分の身体をよくする、下半身を鍛える、心肺機能をよくする、効率のよい走りを追究するなどと、いくつもの目的があります。そういうことも一つひとつ勉強していきました。

先生と話せば話すほど、人体のさまざまな不思議な話を聞くことができ、人間には想像もつかない能力が隠されていて、いくらでも変われるということを知りました。

「じゃあ、人間に限界ってないようなものでしょうか？」

「うん、ないよ。やればよくなるんだよ、やらなきゃ悪くなるんだよ」

そんな話をしたことをいまでも覚えています。

指導されたトレーニングは非常に厳しかった。簡単ではありませんでした。ランニング、筋トレ、シャドーピッチング、ウエイトトレーニング。特にキャンプ直前の自主トレは朝から晩までトレーニング漬けの毎日でした。「40歳まで現役でやりたい」

その一心で指導を受け、40歳になった瞬間に言いました。

「先生、40歳になったので、もう先生の練習をしなくていいですね」

「ああ、いいよ、いいよ。あとは自分でやっていきな」

ということで〝卒業〟となりました。そのときこう言われました。

「いやあ、まさか、あの練習についてこられるとは思わなかった。どっかで嫌だって言って逃げ出すんじゃないか、もうやらないって言うんじゃないかって思っていたよ」

信じるというのは怖いです。「やれ！」と言われたら、言った本人が無理と思うほどのトレーニングをやり切ってしまうのですから。「そんなのも、できないの」とあおられたら、「できるようにしなきゃいけない！」とこなしてしまいました。


トレーニングのおかげで、肉体的には年齢を重ねるごとに向上していきました。毎年、筋力を測定していましたが、38歳か39歳ぐらいがピークでした。もちろん、老化もあるので筋肉が切れやすくなったりするのですが、でも、筋肉の強さそのものはどんどん上がっていきました。

200勝したのは、41歳の時のことでした。その試合は2失点完投。41、42歳のシーズンとも10勝、11勝と2桁ずつ勝っています。こういう経験をしていると、限界は自分で決めないほうがいいと心から思います。

「4つの指摘」にこだわった

プロ野球に入って言われた「4つの指摘」があります。僕はそれを解き明かしたくて、いろいろ勉強をしました。

まず「①肩を開くな」。野球をやったことのある方なら一度は言われたことがあるかもしれません。次に「②前に突っ込むな」。前に突っ込まないようにしたら、今度は「③後ろに残しすぎ」と言われます。ひじが少し下がっていたら、「④ひじを上げろ」です。

自分は「これでいい」と信じてやっていても、指導者にはそう見えない時があります。たとえばピッチャーなら、いま挙げた4つのどれかを指摘されることが多いのです。

ただし、たいていの指導者は、なぜそうなるのか、そうならないためにはどうしたらいいのかを教えてくれません。

何かを指摘された時に、あなたなら「はい」と受け入れますか？　それとも「開くってどういうことですか」などと質問しますか？　そこは大きな分岐点だと思います。

僕は知らないことは必ず聞きます。わからないことも聞きます。

「ひじが下がっているなら、どうやったら上がるんですか？」

納得できる答えはもらえませんでした。

昔はピッチングコーチに何か指摘されたら、とにかく「はい」と答えるのが当たり前で、どう修正したらいいかは教えてくれませんでした。教えてくれるのはそのコーチの経験だけ。体格も骨格も筋肉のつき方も、ピッチングフォームもそれぞれ違いますが、「いいから、俺の言う通りにやってりゃいいんだ！」と言われました。

「投げる」という動作に関して、人間にはどういう筋肉の動きが必要なのかという知識など、当時はなかったのです。

プロ1年目で質問しても納得のいく答えが得られないことに気づいた僕は、自分自身でいろいろ探究していくことになりました。

ところが、先発ピッチャーとして成績を残すようになったら、誰も何も言わなくなりました。それどころか調子が悪くても何も言われません。そういうことにも疑問がわきました。なぜコーチは「悪い」と言ってくれないのだろうか？　そのうち自分で考えることもしなくなって、成績が出せなくなっていきました。

そして、ある先輩に言われた一言で、僕は立ち直ることができました。10歳以上の先輩です。その先輩は僕より球も足も遅いにもかかわらず、成績は上でした。その人は僕に「おまえは体に力がないんだよ」と言うのです。体に力がない、では「体の力」とは何ですか？　と聞き返したら、「そんなもの自分で考えろ」と言われました。

昔の人は教えてくれませんでした。だから僕は自分で考えました。ちなみに、４つの指摘に対する僕の答えは１６１ページにあります。特に野球関係者は、僕の答えを読む前に少しだけ自分で考えてみてください。

技術とは数万回の反復練習のこと

現役時代の僕は、前述のように疑問を持ちながら日々トレーニングに励んでいました。試行錯誤の連続です。体の力がないならウエイトトレーニングをたくさんやってみよう、そうしたら不調に陥った体が元に戻るかもしれない。

下半身から上半身まで全部、ウエイトトレーニングをたくさんやって、それで戻ったかというと、戻らないです。なぜか。野球は、ウエイトトレーニングやスクワットと同じ動きをして速いボールを投げるスポーツではないからです。

では、どうすればいいか。

ウエイトトレーニングで鍛えた筋肉を、自分の投球につなげて、野球の動きにつなげて、体のバランスにつなげて、回転力につなげるのです。

どうしたらつなげることができるのでしょうか。いろいろ考えてやっていく間に見つけた答えが「シャドーピッチング」でした。


僕はプロ野球を引退してから3年間くらい、子どもたちの障害予防のための活動をしていました。

「離断性骨軟骨炎《りだんせいこつなんこつえん》」というケガがあります。子どもたちに起こる、一番大きな障害となりうるものです。子どもたちは骨端線《こったんせん》というところが伸びていって骨が大きくなるのですが、発育途中のこの部位に投球によってわずかな圧力が蓄積され、骨軟骨がはがれてくる障害です。

どうすればこのケガをする子どもたちがいなくなるのか。興味があって自分で勉強して学びました。

この障害になると、手術をしなければいけなくなります。ピッチャーができなくなることも十分ありえます。だから、投球制限ができたり、あまり投げすぎないようにと言われたりするようになりました。

投げずにどうやって投球技術を身につけるのか。そこがすごく難しいところです。技術は反復練習でしか身につかないからです。

たとえば、鉛筆を使う、箸を持つといった生活のための基本動作も同じです。これらは幼児の頃から数をこなすことで身につきます。

最初は親に食べさせてもらう。次はスプーンを使って自分で食べるようになる。その次は箸を持って自分で食べるようになるけれど、最初はうまく使えない。うまく使えるようになるまで何万回という数をきっとこなしてきたはずです。

そのように、うまく使えるようになるまでが「技術」だと僕はとらえています。だからホークスの選手たちには、「トレーニングをした後には必ずシャドーピッチングを入れなさい」と言っています。

シャドーピッチングをやる時に心がけるのは、ゆっくり動くことです。一つひとつの体の動きを自覚できるくらいに。

どのタイミングで、体のどの部位をどう動かして、どの位置に手がなければいけないかといったことを選手に必ず伝えて、実践してもらうようにしています。室内では、必ず鏡や動画などを使って自分の姿を見てもらいます。見る、動く、その順番を考える。シャドーピッチングをしていても、自分はどこでボールを離しているか、低めに投げたいのか、高めに投げたいのかということを意識し、そして、キャッチャーを見ることを徹底してもらいます。

ただ走るより考えるほうが大事

どんなことも、目的意識が大事だと思います。

たとえば長距離走。野球のトレーニングに対して、はたして効果があるのかとよく言われます。僕の考えでは、長距離を走ることそのものよりも、どんな目的意識を持ってやるかのほうが重要だと思います。

そもそも、長距離は何のために走るのでしょうか？

長距離を走ることによって、身体的にはどういう効果が得られるのか。

心肺機能を強化し、回復力を高める効果はあります。であるならば、長距離走ではなくとも、瞬間的にきついトレーニングをやったとしても心拍数を上げることはできるし、すぐに落とすこともできます。持久力や体力という意味でも、回復力を高めて、翌日100%に近い力を出せるような能力を向上させる方法は、ほかの練習にもあるのではないのでしょうか。

長距離を走るって、いったいどういうことだろう？　具体的にどんなことができるようになるのだろう？　人間のどんな能力を高める効果があるのだろう？　自分にはどんな力が身につくのだろう？

そういうことを考えることのほうが、長距離走よりもっと大切なことではないかと僕は思います。

トレーニングの中には、瞬発力、筋持久力、筋力の向上効果が表れやすく、短期的なパフォーマンスに効果的なものもあります。アメリカなどから入ってくる、科学的に正しいと標榜《ひょうぼう》される新しい方法論もあります。

でも、それを鵜呑《うの》みにするのはどうでしょうか？　アメリカ人に効果があるとしても、僕たちがやっても彼らと同じパフォーマンスにはなりません。

なぜならないのか。人種が違うからです。骨格もちがえば、腱《けん》や靱帯《じんたい》、筋肉を太くした時の強さ、筋肉の中の速筋や遅筋の割合も。アメリカ人と比べて大きくない日本人の体格で、大きな筋肉をつけて本当に速い球が投げられるのか。故障することはないのか。

長距離を走る目的はさまざまにあるので、あえて答えは出しませんが、走ることであれなんであれ、一つひとつのトレーニング、技術といったものを突き詰めて考えて、それをやることで何が自分に身について、何がプラスになるのかをしっかり理解することが大事です。

筋肉マニア

僕は現役の頃から、選手を見る際は「皮をはいだ状態」で見ることを意識していました。

筋肉のことを勉強すると、人の体にどんな筋肉がどのようについているかがわかるようになってきます。そこで目の前の選手の皮をはいだ状態をイメージしながら、走っている時にはどういう動きをしているか、投げる時にはどこの筋肉が使われているかなど、体の構成を透視するように選手の動きを見つめます。

その視点で見れば、骨格から筋肉までどのように連動しているか、その選手の特徴的な体の使い方がわかってきます。そのうえで、その選手の不調の原因となっている「動きを阻害するもの」は何か、体をもっともスムーズに動かすにはどうしたらいいかを考えていきます。

もともと筋肉や骨、人体のしくみというものに興味がありました。また、故障している選手を見ては、なぜ体が壊れるのか疑問を抱きました。そのため、現役時代から整形外科の先生をはじめ専門家の人にいろいろ話を聞き、本などを読んで学んできました。

すると、知らないことがたくさんありました。

トミー・ジョン手術という、ひじの再建手術が行われています。それにもいくつか方法があるのですが、アメリカでは多くの選手が取り入れるようになっていて、その影響か、日本人もどんどん手術をするようになってきています。

しかし僕は、「どうして手術にいたるまでひじに負荷がかかってしまったのか」ということを考えるほうが、結果的に選手生命はより長持ちするのではないか、と思います。ひじに負荷をかけずに投げる技術を身につけていれば、ひじを壊すことなく野球ができるようになるからです。

実は、僕のひじは関節可動域が60度しかありません。一般の健康な人は145度はあるといわれます。長年ボールを投げ続けてきたせいで十分に曲がりきらず、また、伸びきらない状態です。

42歳ごろからそのくらいしか可動域はなくて、整形外科の先生に言わせると、普通はボールを投げられないそうです。でも僕はいまでもバッティングピッチャーならできます。

投げられる人もいるし、ちょっと痛いけど我慢して投げられる人、痛くてとても投げられない人もいる。すべての人がひじの手術をしなければいけないのかといえば、そういうわけではありません。

だから、ひじの状態がよくないからといって、何でもかんでも手術をすればいいということではないはずだ、と考えるようになりました。本当に自分は投げられないのか、いまの状態であっても、もっといい技術を身につければ、投げられるようになることもあるのではないか——。

学ぶこと、試すこと、答えはいくつもあると柔軟に考えること。

体のしくみを学んだことで、人間の可能性の偉大さに気づいたというのが、僕にとっては大きかったと思います。

「4つの指摘」の僕の答え

プロ野球の世界に入ってきた若い選手たちにとって、コーチはみんな優秀に見えます。「教えてほしい」と言って、その指導を受けます。

ただし、よく考えてもらいたいのです。プロ野球選手のコーチをしている人は、アマチュア野球とプロ野球の経験があるだけです。

選手がもっと自分で勉強して、たとえばコントロールをよくする、スピードをつける、足を速くするなどの方法を、自ら知っているとしたら、はたして人に教えてもらう必要性はあるでしょうか。その段階に至るまでには、もちろんかなり学ばなければいけないと思いますが。

「こうすれば球は速くなる」「そのために、こういう意識を持つ」「この順番で練習すればよい」と知っていたら、はじめからほかの人に聞く必要がなくなりますね。

僕自身は、前に書いた4つの指摘（①肩を開くな、②前に突っ込むな、③後ろに残しすぎるな、④ひじを上げろ）について、ずっと考えてきました。いまなら「答え」がわかります。

「肩を開くな」と言われて、肩を開かずにボールが投げられるでしょうか？　ボールを投げるとき、肩は開くのです。ポイントは、開くタイミングが早いか遅いかだけです。ならば、どこで開けばいいのか、どこで開き始めればいいかというだけの話になります。

では、「前に突っ込む」とは何か。それは、自分の骨盤と背骨の位置が悪い状態にあるということです。「早くボールを離したい」「早くストライクを取りたい」「早くボールを投げて守備の体勢を取りたい」といった意識が強く、力が入りすぎているためなのか、自分の体の動きを前のめりに変えてしまっているのです。

「後ろに残しすぎる」というのは、その逆で、軸足に体重を乗せることを意識しすぎているのか、骨盤の回旋運動を上手に使えず、重心が後ろに残ったまま、腕の振りだけでボールを投げようとする状態です。いわゆる「手投げ」となり、ケガの原因にもなりえます。

これら2つは体重移動と体の軸回転に意識を向けさせれば、その選手なりの改善は必ず見られます。

「ひじが下がってきたから上げろ」という言葉にも無理があります。肩のコンディション、インナーマッスルとアウターマッスルのバランス、自分の疲労の程度などが原因に考えられるからです。すぐにいつも通りにボールが投げられるわけではありません。

コーチや監督に言われたことの影響とか、選手の心理的な状態が体に表れている可能性も考えられます。

それで僕はチームの選手たちには、基本的にフォームのことは言わないようにしています。

大事なのはフォームを直すことではなくて、その選手が力を出すタイミングを変えないようにすること、そして、その選手の特徴を消さないようにすることです。うまくいっている場合は、絶対に「直せ」という言い方はしないです。

うまくいかなくなったとき、直したいところがあるのなら、トレーニングをさせていくことで意識を変えていくようにします。

当然、担当のコーチにも伝えますし、コーチの選手に対する意見もたくさん取り入れます。僕もチームを４年間見てきているので、それぞれの選手の特徴もわかるし、弱点も長所もわかります。でもコーチから、「長所をどんどん伸ばしていきたいのですが、そのためにこういうことをやりたいんです」と言われれば、たとえ自分で見た印象と違っていたとしても、まずは長く見ているコーチの意見を優先してもらいます。

監督が急に来て、「姿勢がおかしくなっているから、体の使い方を変えろ」などと言ったら選手もコーチも嫌ではないでしょうか。そうでない人もいるかもしれませんが、僕は嫌です。なので、一緒に練習を積んできたコーチの意見を優先してもらうことを心がけています。

疑問を持つことが大切

僕は何事も「疑問」を持つことが大切だと思っています。

疑問は、新しい気づきと成長につながります。

野球のプレーのことはもちろん、人間の体の構造や仕組みを知らないといけませんし、筋肉のことも関節のことも、その障害のことも知らなければなりません。

僕はそうやって勉強してきましたが、それで足りているかというと、足りないです。だから、野球解説者をしている時に、筑波大学の大学院の試験を受けて入学し、知らないことはどんどん吸収したいという意識で学んできました。

学問に触れてみると、いろいろなことに気づかされました。「大学っていいな」と思いました。高校を出てプロに進んだわけですが、大学に進学していたらもうちょっといろいろなことを学べたかもしれない、と正直に思いました。同時に、いまからでも決して遅くはないということも自分の中で感じました。

何歳になってもいい。たとえ50歳でも60歳でも、「学ぼう」とする意識と「学びたい」「知りたい」という欲求がある、それこそが一番大切なことだと思い直したのです。この気持ちを失わずに、これからも学び続けたいと思います。

データは還元する

現在、日本のプロ野球ではトラックマンの導入が進んでいます。前述したように、これはアメリカから入ってきた画像解析システムですが、もともとはゴルフなどで使われていたものです。選手がボールを打つと同時に、飛球線がピューと引かれる画像をテレビで観たことがある人も多いのではないでしょうか。

この機器を使うと、ピッチャーがボールを投げる際のリリースの位置、ボールの回転数、スピードなどがわかります。

ストレートで投げたボールの軌道として「軸線」が描かれますが、特徴のあるボールはその軸線上から外れます。たとえばカーブやフォークなどですが、軸線から外れる特徴のあるボールは、バッターを打ちとるのに有効なボールだといわれています。では、それがわかっただけで、ピッチャーの勝率を上げることができるのでしょうか。こういうデータが取れました、すごいね、ではダメですよね。

データをひと通り見たうえで、僕が一番知りたかったのは、マウンド上でリリースする位置からホームベースまでの距離です。バッターにより近い位置でボールを投げられれば、ピッチャーは有利になります。特徴あるボールの優位性を生かすためには、マウンドでボールを離すところからバッターまでの距離が一番大事です。高さでもなければ、回転でもありません。

そうした視点でデータを再度確認すると、リリースの位置とボールの回転数やスピードがだいたい比例するということが見えてきました。スピードを上げようとすれば、加速をするための時間が必要になります。十分な加速時間が取れている、イコール、リリースがより前になってくるということです。つまり、リリースがより前のピッチャーのほうがスピードも速い、ということがわかってきたのです。

そういうデータを出して、選手にどう還元できるか。データを取って終わりではなく、選手に伝えるべき点を見出していくことが非常に大事です。

コンディションを把握する

一方、選手のコンディションはどうやったら把握できるでしょうか。

たとえば、エコーという機器で棘下筋《きょくかきん》（肩甲骨《けんこうこつ》と上腕骨をつないでいる4つの筋肉のうちの一つ）の厚さを測ることができます。安静時と収縮時でどのくらいの差があるのかを測定します。さらに体の中で基準になる筋肉の厚さを把握して、そこよりも収縮率がドンっと高いと「この筋肉はまだ元気だね」という指標になります。

ある程度データ化して、投げる前に測った数値と投げた後に測った数値の差や、どのくらい消耗するのかということもわかるようになります。

そうして選手の状態を何年にもわたって調べていくことで、故障の予兆のようなものを見つけたり、調子の良し悪しを把握したりすることにつなげていこうとしています。

若い選手たちの中には、股関節もしくはお尻まわりなど、「下半身が使えない」人がたくさんいます。少し難しい言い方をすると、股関節の内外旋《ないがいせん》、内転外転《ないてんがいてん》がうまくできない人がたくさんいるのです。あまり下半身が使えない選手は上体投げになります。上体投げになれば、肩やひじを壊しやすくなりますし、障害が残る危険性もあります。

そこで、全員を下半身の使える選手と使えない選手に分けて、トレーナーの人たちにどこを見てもらえばいいのかという話をします。

大事なのは、チームの戦力をしっかりキープしたまま1年間を戦うことです。すべての選手のコンディション、既往歴、出やすい症状やその範囲をすべて把握した状態で、シーズンに入るようにしています。投げ続けたらどこに疲労が出るのかといったところも計算し、開幕して2ヵ月、3ヵ月後、疲労が出た時には少し間を空けます。

そういうことを考慮しないで、どんどん投げてもらうのが、実は一般的です。しかし、その選手がいなくなるとチームの戦力は落ちてしまいます。

だからこそ、データを日々見て、選手のコンディションを把握するのです。そういったことの積み重ねが僕らの仕事だと思っているし、人の体を知ることは、いまの僕にとって何よりもかけがえのないものになっています。

「再現性」が大事

トラックマンなどの最新機器を用いて分析するようになると、時間はかかるし、膨大な量のデータをどうやって処理するか、異常値をどうやって見つけていくかといった問題も生じます。また、先発ピッチャーなら、中5日や中6日で次の登板日がくるまでの間に、そのデータをどう生かすかという課題もあります。僕らは、そうしたデータ解析の作業を常時続けていくしかありません。

大事なのは、トラックマンという画像解析システムの特徴を理解しておくとともに、どんなピッチャーがいいピッチャーなのか、どんなバッターがいいバッターなのかを「考える」ことです。

球が速ければいいピッチャーなのでしょうか？

速さを追求することよりも、大事なのは再現性です。質の良いボールを狙ったところに同じように投げられること、これが再現性です。

一球だけ160キロの剛速球を投げられることよりも、145キロでいいから、スピンの利いた伸びのあるボールを常時同じように投げられることのほうが大事です。

ストライクからボールになる球を狙って投げられる。ボールからストライクになる球を狙って投げられる。また、アウトコースぎりぎりに投げられる、インハイぎりぎりに投げられる。そういう技術を身につけているほうが、プロ野球の世界で長く生き残っていくことにつながるのではないかと思います。

ものごとに対して常に疑問を持ち、自分がいまやっていることにも疑問を抱き、将来的に新しい技術・新しいトレーニング法・新しい教え方・選手のメンタルの新しい活用法といったものが入ってきたら、どんどん試して、良いものは取り入れていきたい。

わからないことはまだまだたくさんあります。１００％ではない。まだ上がある。それは可能性があるということ――。そういうイメージを常時持ちながら、僕はいま、監督をやっています。

第6章
人としてあるべき姿

解けない疑問はない

ただただチームを強くしたい、そして、ずっと強くありたい、選手たちに一日でも長く現役として活躍してもらいたい。

その願いや思いがどれだけ強いか——。

昔ある人に言われたのです。その思いの強さが練習に表れる。練習が実戦に出る。結果に表れる。僕自身も「それしかないかな」と思いながら、現役時代はマウンドに上がり続け、その延長線上に、監督という大役をいただき、「あるべき姿」を模索した4年間でした。

読者のみなさんも、自分がやっている競技、または仕事などで、いろいろと疑問に感じ、模索していることがあると思います。これはいったいどういう意味があるのだろう。なぜ、AではなくてBなのか。その疑問が解けたか、解けなかったかというところをしっかり見つめてほしいと思います。

解けない疑問に悩むこと、解こうとして動き、挑戦すること、そのプロセスそのものが非常に大事です。

僕は選手たちによく言うのですが、「解けない疑問はない」。実際には、解けないのではなくて、解こうとしない人が多いだけ。

その答えをどう探し、見つけていくのか。誰かに聞くのか、それとも本を読むのか、できる人から盗むのか――。いろいろな工夫を重ねる中で、疑問の答えを見つけられるチャンスがたくさんあるのではないかと思っています。

絶対はない

現役時代や野球解説者時代に思っていた監督の仕事は、選手を適材適所でしっかり配置をし、試合に勝っている状態で後半にリリーフ陣を投入して、その中で守備に長《た》けた選手、走塁に長けた選手を送り出して勝利する、というものでした。

非常に単純化したとらえ方でしかなかったと痛感しています。

実際に監督を務めてみると、適材適所がまず難しい。具体的にどうするのか。自分が思ったように選手が動かなくて当たり前。

自分の頭や理屈で考えたものと現実が全然ちがって当たり前。

自分の思っていることを目の前にいる人に伝えることさえうまくいかない。それどころか、不用意な一言や表情、態度であらぬ誤解を生み、ハレーションがチームに広がっていく……。

そんな監督の現実に直面し、はじめて、本当の意味で人と人とのコミュニケーションの大切さを知りました。

「どうあってほしいか」ということは、監督が選手にわかるように伝えるべきだという思いをいっそう強くし、試合中にどう動いてほしいのかという、細かいところまで見えるように選手と話すことを心がけるようになりました。一方通行にならないように留意しながら。

工夫を重ねることで、意図を理解してくれたうえで、こちらのイメージ通りに動いてくれる選手が数多く出てくるようになりました。

それで勝てるのか……?

いえ、それでも勝てないです。

なぜなら「相手」がいるからです。

データで未来を判断する

そこで、データを活用します。

人間はいつも同じ動きをするわけではないし、一度失敗したことを次にはしないような工夫もします。

データはすべて「過去」ですから、それだけを信じすぎると、次の新しい局面では間違った選択、判断にもなりかねません。

その「過去のデータで未来をどう見るか」が大事です。

たとえば、うまくいかなかった作戦があったとしても、それは失敗ではなく「未来に生きるもの」と、考えを変えることにしました。

野球の試合で監督が最も成功に一役買っているのは、スクイズだと思います。ただし、相手が警戒しているところに作戦を試みても、成功させる確率は非常に低いです。

そこでたとえば、いつも同じカウントで同じ作戦を実行するような「伏線を張る」

やり方も採ってみました。スクイズ、エンドラン、バスターエンドランのような攻撃の方法を常にデータと組み合わせて実行し、1ヵ月おきに練り直します。単純なやり方のように思われますが、実践を積み重ねると思った以上に相手ははまってくれて、こちらの作戦が成功する確率が高まるのです。

監督ノートに記録する

監督に就任して以来、僕はノートにいろいろなことをメモしたり、記録したりする習慣が身につきました。自宅でも、本拠地でも、遠征先でも、時間があれば何かを書いて考えています。

自宅に帰って書き出す作業をしていると、人に言われて「何、言ってるんだ？」と思わずカッとなったことでも、「よく考えれば、どうってことないな」とか、「相手は不安なんだろうな」とか、そんなふうに冷静に受け取れるようになった気がします。

書くというのは結構、時間がかかる作業ですが、これを3年くらい続けたら、人間としての引き出しが増えて、繰り返している試行錯誤はしなくてもよくなるかもしれない、という予感がありました。そういう意味では、2015年から約3年間、書く作業を続けてきて、2018年の前半戦でうまくいかず、さらに足りない部分に気づかされ、2019年シーズンを迎えるいま、新たなるスタートを切ったという感じでいます。

自宅に帰って何か息抜きしたところで、僕にとって癒やしにはなりません。むしろ、野球のことを考えながらそのまま寝落ちするくらいのほうが心が落ち着きます。翌日の準備もできて、心に余裕も生まれるのでしょう。

野球漬けになって他のことを考えないほうがいい性分なのです。

ただメモを取るだけではなく、書き方も工夫しています。たとえばイメージを広げるためには、中心に大きくテーマを書き出して、頭に浮かんだことを放射状に広げながらつなげていくなど、ノートの書き方はいろいろあります。

実は工藤家では、家族それぞれがスケッチブックを持ってメモを取っています。もともとは妻が子どもたちと始めたことですが、いいアイデアを思いついてもすぐ忘れてしまうのでメモを取る、そこで考える、工夫することの大切さに気づいて、僕も取り入れるようになりました。

まとまらない考えを日々整理することに役立てたり、書きためたものをシーズンが終わって見返して、「ここができていなかったな、何やってんだ、オレ」と反省し、翌年に生かします。また、一人ひとりの選手がより成長するためにポイントになると感じたことを書きため、育成に生かしています。

シーズン中は試合後に監督室で一人になった時、あれこれノートに書いていると、不思議と気持ちが落ち着きます。遠征先では一人になる時間が多く、貴重な思索の時間になっています。今回こうして1冊の本を書くことができたのも、そのようにメモを書く習慣を継続してきたことが大きいです。

戦力外を出さない

プロ野球の平均選手寿命は約9年だといわれています。引退平均年齢は約29歳です。

ホークスは育成に力を入れ、そのためのシステムを整えていますが、育成選手はおよそ2年をめどに契約を更改します。

夢を持ってプロ野球の世界に飛び込んできて、２年で判断されるというのはすごく過酷です。２年でクビになる人は少ないですが、結局、支配下登録になることができずにこの世界から去らなければならない人がたくさんいます。入ったからには夢を持って頑張ることが大事ですが、一方で、そうしたシビアな現実とも向き合わなければなりません。

球団には、スカウトとして1年間いろいろな高校や大学、社会人チームを回って、「この人を取って戦力にしたい」と思いながら働いている人たちがいます。編成部門では、チームのバランスを考えて、この選手とこの選手を替えたら、両方の選手たちの生きる道が増えるだろう……とさまざまに考えています。

チーム編成に関して、監督は現場の責任者であり、基本的に球団にまかせています。意見を求められることもありますし、「こうします」とか「こういう予定にしています」と早めに伝えられることもあります。

自由契約になって野球人生が終わってしまう選手がいる以上、選手を預かる監督として、自分自身がもっと学ばないといけないと感じます。そして、引退する選手をチームから一人も出さないシーズンオフを、一度でいいから実現させてみたい。これは僕の夢です。

「さあ、明日、頑張るか」

コーチとのコミュニケーションは、失敗から学ぶことの連続です。

2018年はチームが安定せず、前半戦は、僕がコーチにガツンと厳しいことを言って怒る場面が多くありました。

気づきを得るシーンがいくつかあって、さすがの僕もハッとしました。これはよくない。やめよう、と。言われたコーチはどうだろう？　言われた選手は……？　そういうことを考えました。そして、僕の口から出たのは、

「さあ、負けたことはいい。明日、頑張るか」

という言葉でした。

試合でピッチャーが打ち込まれることもありました。でも、

「さあ、明日、明日。今日のことは、もういいよ。明日、みんなで切り替えて頑張ろう」

「もし何かあったら、明日話し合おうな」

そう言って終わりにしました。それまでとはちがう僕の姿勢に「監督、どうしたんだ?」と驚いた顔をするコーチもいましたが、これでいこうと決めました。

試合で負けが重なっても、

「はい、大丈夫。反省するところは反省しよう」

「そこは大事だな。さあ、次、また明日」

そう言葉にする。

ええかっこしいのつもりはありません。感情をぶつけても誰も幸せにならない。だったら、どうすれば幸せになれるのだろう?

強い言葉で言われた人はその日、幸せになれなかったのではないでしょうか。でも、言わなければいけないこともある。もし一日経ったら、言い方も受けとめ方も、感情が高ぶっているその時とはちょっとちがってくるかもしれない。

一日経っても大事だと思うことは本物だと考えました。

そういう姿勢にしてみたところ、意外と言わなくてもいいことがたくさんあることに気づき、自分の中で飲み込むようになりました。

もちろん、勝負は毎日続きますから、瞬間的にカッとなる時はあります。でも、少しずつそういう姿勢に切り替えていったら、僕が何かを言わなくとも、ちょっとずつ、バッテリーコーチ、野手コーチ、作戦コーチたちが、「監督、ちょっといいですか」と話しにくるようになったのです。

彼らが話したいことを聞いて、課題を明確にし、解決法を模索する。ちょっとずつそういう流れができてきて、「こういう姿がベストかな」と感じるようになりました。

まだ、言動を修正できているときと、ダメな自分が出ているときがあって、自分の中での葛藤は続いています。それでも、「自分がみんなを見る目線はフラットか（偏りはないか）」「相手が言いたいことをきちんと聞けているか」、一方で、監督として伝えたいことはビシッと伝えなければいけないので、「そのバランスがちゃんと取れているか」、そういうことを考えるようになりました。

距離はいらない

監督は周囲とある程度距離があったほうがいい、という考え方もあります。でも、僕の思いはすこし違います。

僕は高卒のプロ1年目から、はるか年上のピッチングコーチとけんかをした人間です。若い人ほど心から納得しないと動かないことは、過去の自分を振り返っても強く感じています。逆にそういう選手ほど、得心して主体的に動けば変われるタイプなので、それは悪いことではないと思います。

心情的なすれ違いが起きれば、監督である僕のせいです。「聞く」「引き出す」を忘れた時にそれは起こります。解ける誤解はそばに行って直接話して解いておく、すれ違いの芽は早めに摘む。コミュニケーションにゴールはありません。

実際に監督になってみて、試合中のプレーに直結する働きよりも、表には見えない仕事がいかに大切かを学びました。

チームとしてのバランスを考えるためにコーチと会話をしたり、ちょっと調子の悪い選手がいたら声をかけたり、ティーバッティングをしている選手、外野で走っている選手の元へ足を運んで話をしたり……。そういう時間をどれだけ大切な機会として生かしているか。見えないものを見ているか。僕という人間の姿勢が問われます。

さらに、監督になって感じたことがありました。「自分はどう思われているのだろう」「自分は必要な人間なのだろうか」と悶々《もんもん》とし、それぞれの立場で強い不安を覚えながら戦っている人が非常に多い、ということでした。

少しでも彼らが自信を持てるように、迷いを持たずにすむように、監督である僕自身がもっと努力をしなければなりません。コーチや選手に多くのことを要求する以上は、監督が一番努力して、その姿を周囲に見せていかねばなりません。

厳しさは必要ですが、萎縮《いしゅく》させてしまっては元も子もありません。自分の野球観だけが正しいと思うのではなくて、聞く耳を持って学ぶ姿勢でいることはすごく大事です。

僕自身の持って生まれた性格やこれまでの習慣がありますから、本当の意味で「相手から聞いて引き出す」ということができるようにはならないかもしれません。でも、できるようになったほうがうまくいくだろうという手応えはあります。だから、2019年シーズンはその姿勢を貫きたい。

ひとつ練習していることがあります。目の前にいる人を「笑かす」こと。相手をニコニコさせられたら、コミュニケーションにおいて僕の〝勝ち〟ですね。

僕は足りないところだらけの人間です。僕は周りに対して、「もっとこうしなさい」と一方通行で要求してしまう部分が多かったのですが、ちゃんと聞ける、会話ができる、そういう自分になりたいと思います。

「こういうところが、あなたには足りなかった」

と人に指摘されれば、

「じゃあ、次、どうしていけばいい？」

と受け入れることができる人間でありたい。

そんな会話が自然にできるようになったとしたら、もっと自分も変われるんじゃないかと思います。

「壁」の高さは心が決める

試合に負けたり、プレーに行きづまったりすると、「壁」にぶち当たったと感じる時がきっとあると思います。

僕も若い時は壁だと思っていました。でもいまは、たしかに壁かもしれないけれど、その高さは自分で決められると考えています。

高い壁だと思っても、よく見てみたら、本当はちょっとつまずくだけの小さな石でしかないかもしれません。多くの場合、むしろそれは自分の視点がどこにあるかの問題でしかなく、視点が高くあれば低い壁、視点が低ければどこまでいっても越せない高い壁。

壁のとらえ方は結局、自分の心理状態を表しているのではないか、と考えるようになりました。

だからこそ知らなければいけない。本当に力が足りないのか、怖いと思ってしまう自分がいるだけなのか。

監督になって以来、日々ノートやスケッチブックにいろいろなことを書き綴《つづ》っています。自分の感じたこと、考えたことをメモしています。人には見せない、自分との対話のためのものです。人に見られたらまずい、嫌なホンネも書いています。

書くことで、自分自身について自覚ができるようになりました。書くことでちがう自分、ちがう考えが見えてくるようになりました。人前では認めないけれど、怖いときは怖いと書きます。嫌だと思ったら嫌だと書きます。やらなきゃいけないと書いたら、やらなければなりません。

ときに壁と感じるような出来事はいろいろ起こるものですが、そうやって自分と対話をすれば次に進むべき道が見えてきます。そういうことを、この4年間続けてきました。

あとは、自分の「引き出し」をどれだけたくさんつくっていくかだと思います。僕は、「引き出し」という言い方をしているのですが、自分で勉強したことは必ず自分の頭の引き出しに入れておきます。1つで足りないなら2つ。2つでも足りないなら3つと増やしていきます。

たとえ、いまやっている練習方法やトレーニング法が無駄になったとしても、必ず先々に生きる。そう考えて、自分の引き出しに入れておくような感覚です。何かあったときにはそれを引き出します。

そうして、僕はあまり壁という感覚を持つことなく、自分自身と向き合いながら引き出しを増やして、そのつど課題を乗り越えていくというやり方を続けてきました。

あゆみを止めない

人は3ヵ月あれば変われる、と僕は思っています。

ただし、その3ヵ月はほかのことを考えないで、野球なら野球だけに没頭することが必要です。

いまの若い選手たちは、よくなりたい、成長したいという思いはしっかりありますが、一つのことに没頭できるほど、信用できる軸のようなものを持っていないのではないか？　だから、僕らがそういうものを育める環境をつくってあげなければなりません。

しっかり信頼関係を築いて、「この人の言う通りやっていればよくなるんだ」と没頭してくれたら、3ヵ月で人は変わります。

では、そういう信頼関係を僕が築けているかというと、まだまだです。でもやるべきこと、進むべき道ははっきり見えています。そのプロセスはいまだトンネルの中。模索し続けている状態ですが、必ずできるようになりたいです。

ただし、僕の考える「変わる」というのは、進化とか覚醒《かくせい》とか、ある日突然ガラッと変わってしまうイメージのものではありません。あえていえば「進歩」。積み重ねのうえに、ギュッと凝縮した3ヵ月を経て変わる。

160キロのボールを投げられる肩の構造や筋肉のない人が、160キロを投げられるようにはなりません。絶対にその人がやろうと思えばできること、自分でしっかり変われるものを実現することが進歩です。

足は必ずいまよりも速くなる。打球はいまより遠くに飛ばせるようになる。なにより、「考える」習慣を身につけることで、プレーの質、局面の判断、選手としてのクオリティは確実に変わる。

僕は、関わったすべての人によくなってもらいたいのです。僕自身が大事にしてきたこと、学んできたことを伝えたい。努力すればできるもの、変わることができるものがあると気づいて、いまより成長してほしい。

チームにはいま、チームの将来を担《にな》えそうな若手が7〜8人はいます。いまの一軍メンバーと替わってもやれるほどの才能、クオリティを持っています。ちょっとずつでいいので、勉強して、トレーニングを積んで、一軍に上がってきてほしい。

僕の考えでは、突きつめれば3ヵ月でできると思っていますが、現実には1年、2年とかかるでしょう。しかし、あゆみを止めなければ、進歩を続けるならば、いつか必ずそのステージに立っているはず。

もちろんチームのリーグ優勝と日本一は狙い続けます。それと同時に、常勝軍団をつくるべく、彼らから一人でも多くの未来の一軍の主力を育成していくことが、このタイミングで僕が監督をやっている意味だと感じています。

その思いを胸に、僕はこれからも「今日この一日」に挑み続けます。

あとがきにかえて

『55歳の自己改革』を読んでいただき、ありがとうございました。

私は、まだまだ発展途上の人間であり、監督です。

この本の中で皆様が何かを感じて、少しでも参考になったり、なるほどと思ったり、人生の中で役に立つことがあれば幸いです。

いまがダメだから、未来もダメということはないと思います。

未来がわかる人など一人もいないと私は思っているし、変われない人も一人もいないと考えています。


私は、監督という大役をまかされ、皆を導き、日本一のチームにするべく、たくさんのコーチやスタッフ、球団の皆さんの力を借りて、ここにいることができていると思っています。

そして選手たちには、ケガなく、1年間戦ってほしい。それに尽きます。

ただし、ケガというのは、いまやスポーツをしていればついてまわるのが当たり前になっていて、ケガと向き合わなければ、長くスポーツを続けることさえむずかしい状況です。

いまの選手達は、身体能力も昔より高くなり、身体そのものも大きくなり、190㎝を超える選手も増えています。

では、なぜケガをする人が多いのでしょうか。

私が現役の頃は、かなり厳しく鍛えられました。ウォーミングアップで100m走を100本こなしたこともありました。次の日、コーチに「今日は50本だ」と言われ、ホッとしたら実は200m走だったこともありました。そんな走り込み漬けの毎日を送っても、ケガをする人はほとんど出ませんでした。一日の練習量でいえば、いまの3～5倍はしていたでしょう。

毎日1時間投げて、ウエイトトレーニングに1時間、ウォーミングアップ以外のランニングも1時間するなど、いま考えればムチャな練習量だったと思います。そして、こんなハードな練習で生き残った選手たちが、あの強かったときの西武ライオンズをつくりあげたのです。

だからといって、あのときの練習量をこなせば体が強くなるわけでもないでしょう。練習には必ず目的がなくてはいけません。

それで、科学の力や方法論を使い、選手に必要な能力、ケガをしないための能力を身につけてほしいと考えるようになりました。2019年の春季キャンプでは、4人の整形外科の先生を招いての勉強会を開きました。すべてを理解できなくても「あ、こうやるのが大事なんだ」とか、「動きに気をつけないといけないな」など、心の片隅にとどめておいてくれるだけでも、勉強会を開いた価値があったと確信しています。

なにごともいっぺんにではなく、少しずつ身体にしみついてもらえればいいのです。

結局、もとをたどれば、子どものときからケガや故障をしにくい身体をつくることが、本当は大事なのではないかと思うのです。


現役選手を引退して、最初に取り組んだのが、子どもたちの障害予防でした。

こんなにも多くの野球をする子どもたちに、ケガや故障、障害があるのかと知ったときは驚きました。私にできることがあれば、ぜひ協力したいと、障害予防の活動をされている整形外科の先生方にお願いして、参加させてもらいました。

活動のなかで、野球自体をできなくなってしまうほど重傷の子どもにも会いました。

そして、子どもたちを救うたったひとつの方法が、肩、ひじの検診だということを教えてもらいました。

半年に一回でも、肩、ひじ、検診ができれば、夢をあきらめないですむ子どもたちが、全国にたくさんいると知って、少しでも力になりたくて出かけてゆきました。

整形外科の先生方の思いは、多くの野球指導者の理解もあり、全国に広がりつつあります。

この話を取り上げた理由の一つは、プロ野球選手のなかにさえ、子どものときに、肩、ひじを痛めた人が多く、プロ野球選手になってからも同じ部位を痛めてしまうケースが少なくないからです。

子どもの頃のケガは休めば治りますが、ケガの後遺症は残り、その部分が弱くなり、大人になって負荷が強くなると再発してしまうのではないかと、私は考えています。

プロ野球選手のケガや故障、障害をなくすためにも、いえ、少しでも減らすためにも、子どもの頃に予防することが何よりも大事なのではないか。

指導者の皆様にぜひご理解いただき、野球界の未来を担っている子どもたちへの検診がいかに大切かをわかっていただけると幸いです。


もう一つ、気になっていることがあります。

それは「子どもの遊び」です。

私たちが子どもの頃にはたくさんの遊びがありました。

時間を見つけては近くの広場に集まって、缶けりや鬼ごっこをしたり、ビー玉、メンコ、コマなどをしていました。

一見、野球には関係ないと思われる遊びですが、ビー玉は指をはじいてビー玉を飛ばすから自然と指が強くなり、メンコは相手のメンコをひっくり返せば勝ちなので手首のスナップが鍛えられ、コマは相手にぶつけて最後まで回っていることが大事なので、ひじの使い方がうまくなり、回転をより強くするために手首が強くなったのです。

また、コマの大きさが野球のボールと同じか少し大きくて、私が野球を始めたときからカーブが曲がったのも、コマで遊んでいたからかもしれません。

子ども時代は、ゴールデンエイジといって、神経がものすごい速さで成長します。成長期にどんな遊びをしていたかによっても、子どもたちが秘める身体能力の可能性は広がるのではないでしょうか。

野球においては技術も大事です。技術を身につけるためには、反復練習が必要です。けれど、たくさんの練習は故障、障害につながることもあるのです。

では、どうしたらいいか——。この議論に答えが出ないのが現状ではないかと思います。もう一度、立ち止まり、考えてみてはどうでしょうか。

子どもたちにとっての楽しい遊びを、身体の強化や、野球の技術向上に役立てる方法はないのだろうか。子ども達の能力の開発につながる方法が見つかるのではないだろうか。

どうして昔のピッチャーは、長いイニングを投げ、たくさん勝つことができたのか。

短い登板間隔で投げて、さらに20年近くも投げ続けることができたのか。

私は、このへんにヒントがあるのではないかと思っています。

『55歳の自己改革』を出すにあたり、ひとつの狙いがありました。10年以上前、私は子どもたちのケガ防止に役に立って欲しいと思い、最初の本『僕の野球塾』を書きました。そのパート2を書きたいと思ったのです。

当時『僕の野球塾』を熱心に読んでくださったお父さんやお母さん方はそれぞれに管理職になられたり、現在の立ち位置に悩んだりしていらっしゃるのではないでしょうか。

私もまた、皆さんと同じなのです。ただ、あきらめることが嫌いなのです。

あれから10年以上。子どもだった皆さんは大人になり、上司と部下の間で頑張っている方や社会の入り口で迷っている方もいるかもしれません。

そんな方々に、この本がささやかながらも何かのお役に立てれば最高の喜びです。お互いに頑張りましょう！

常に前を向き、変化を怖がらず、心で人と接すれば、変化していく自分自身が好きになると信じています。

この本をつくるにあたり、多くの方の尽力があったことに感謝しています。

最後まで読んでいただき、ありがとうございました。

2019年3月

工藤 公康

＊本書の収益の一部は、ＮＰＯ法人ホークスジュニアアカデミーに寄付し、
野球振興および普及活動や被災地復興支援活動、
引退選手のセカンドキャリア支援などに活用させていただきます。

カバー・第6章扉写真　渡辺充俊（講談社写真部）
構成　村上　誠
協力　福岡ソフトバンクホークス

工藤公康（くどう・きみやす）

1963年5月5日に生まれる。名古屋電気高校（現・愛工大名電高校）卒業。82年ドラフト6位で西武ライオンズ（現・埼玉西武ライオンズ）に入団し、エースとして活躍。94年オフにFAで福岡ダイエーホークス（現・福岡ソフトバンクホークス）、99年オフにFAで読売ジャイアンツに移籍。2004年8月17日、プロ野球史上23人目の200勝を達成する。07年横浜ベイスターズ（現・横浜DeNAベイスターズ）、09年埼玉西武ライオンズを経て、10年10月1日に退団。2011年12月9日、自身のブログで引退を表明。「優勝請負人」と呼ばれた現役生活は29年間におよぶ。2012年から3年間、野球解説者・野球評論家として活動し、14年には筑波大学大学院に入学する。2015年福岡ソフトバンクホークスの監督に就任し、同年日本シリーズ優勝、16年パ・リーグ2位、17年日本一奪還、18年パ・リーグ2位になるも日本シリーズで優勝する。2019年監督生活5シーズン目に入る。

55歳《さい》の自己《じこ》改革《かいかく》

二〇一九年三月二六日　第一刷発行

著者　工藤公康《くどうきみやす》

発行者　渡瀬昌彦

発行所　株式会社　講談社

東京都文京区音羽二丁目一二―二一　郵便番号一一二―八〇〇一

電話　編集〇三―五三九五―三五三四

販売〇三―五三九五―三六二五

業務〇三―五三九五―三六一五

ブックデザイン　鈴木成一デザイン室

印刷所　株式会社新藤慶昌堂

製本所　株式会社国宝社

ISBN978-4-06-513764-2

定価はカバーに表示してあります。